U0735717

高校体育教学与运动训练

郑丹 著

延吉·延边大学出版社

图书在版编目（CIP）数据

高校体育教学与运动训练 / 郑丹著. --延吉 ： 延
边大学出版社，2024．7． -- ISBN 978-7-230-06817-8

Ⅰ．G807.4

中国国家版本馆CIP数据核字第2024YQ4705号

高校体育教学与运动训练

GAOXIAO TIYU JIAOXUE YU YUNDONG XUNLIAN

著　　者：郑　丹
责任编辑：史笑笑
封面设计：文合文化
出版发行：延边大学出版社
社　　址：吉林省延吉市公园路977号　　　　邮　　编：133002
网　　址：http://www.ydcbs.com　　　　E-mail：ydcbs@ydcbs.com
电　　话：0433-2732435　　　　传　　真：0433-2732434
印　　刷：廊坊市广阳区九洲印刷厂
开　　本：710mm×1000mm　1/16
印　　张：11.75
字　　数：220 千字
版　　次：2024 年 7 月 第 1 版
印　　次：2024 年 7 月 第 1 次印刷
书　　号：ISBN 978-7-230-06817-8

定价：78.00元

前　　言

随着我国教育事业的蓬勃发展，高校体育教学和运动训练的重要性日益凸显。然而，高校体育教学与运动训练发展仍面临诸多挑战。研究高校体育教学与运动训练发展，不仅可以帮助学生提升学习能力和实践能力，而且能够增强学生的身体素质，推动高校体育教学发展。

本书共七章。第一章讲述了高校体育教学的任务和特点、高校体育教学评价。第二章讲述了高校体育课程的目标与类型、体育课堂教学中场地的布局和使用、体育课堂教学中的队列队形、体育课堂教学中的动作示范、体育课堂教学秩序管理等。第三章讲述了不同教学模式在高校体育教学中的应用。第四章讲述了高校体育教学的新发展。第五章讲述了运动训练的概念、任务，运动训练的构成要素等。第六章讲述了高校体育体能训练。第七章讲述了高校体育运动项目训练实践。

在本书的撰写过程中，笔者参阅了大量相关文献，在此向相关文献的作者表示诚挚的感谢和敬意。由于笔者水平有限，书中难免会有疏漏、不妥之处，恳请广大读者批评指正。

郑丹

2024 年 4 月

目　录

第一章　高校体育教学概述

第一节　高校体育教学的
任务和特点

体育教学活动古已有之，但在现代社会条件下才得到迅速发展。体育教学主要是由教师和学生共同参与的，二者是体育教学活动的主体，缺一不可。高校体育教学的目的是向学生传授体育知识、技能，增强学生的身体素质，培养学生优良的道德意志，促进学生的健康发展。进入 21 世纪以来，随着现代素质教育的不断推进以及现代高校教育的不断改革，体育已成为高校教育的重要组成部分，高校体育教学受到越来越多的关注。

一、高校体育教学的任务

根据《全国普通高等学校体育课程教学指导纲要》《学校体育工作条例》等可知，高校体育教学的任务是：增进学生身心健康，增强学生体质；使学生掌握体育基本知识，培养学生体育运动能力和习惯；提高学生运动技术水平，为国家培养体育后备人才；对学生进行品德教育，增强组织纪律性，培养学生的勇敢、顽强、进取精神。

二、高校体育教学的特点

高校体育教学的特点主要有以下几点：

（一）教学环境的开放性

高校体育教学对教学环境提出了更高的要求，体育教学主要是在室外进行的，需要较为专业的器材设施、场地场馆。目前，我国各高校的体育教学大多以体育实践课的形式进行，通常是体育教师在学校操场上组织体育课。相比其他学科而言，体育教学的教学环境富有较强的开放性。

由于体育教学环境具有较强的开放性，因此体育教师在开展教学活动时应该注意安全。

（二）教学过程的直观形象性

高校体育教学过程具有很强的直观形象性。

体育教师在进行课程讲解的过程中，语言要生动形象、贴切有趣，要用语言把复杂的技术动作简单化、形象化，使学生易于理解、学习。

高校体育教学离不开技术动作指导。为了便于学生理解，高校体育教师往往会亲自进行动作示范，或者请学生进行示范，分析学生在示范过程中的正误动作等。学生在体育教学过程中通过观看直观的动作演示，获得运动表象，并将表象与思维结合，最终达到掌握体育知识、技术，发展自身观察能力、形象思维能力的目的。

（三）技能学习的重复性

技能学习的重复性是高校体育教学的重要特点。

体育技能的形成具有阶段性、规律性的特点。体育技能形成过程大致可以分为四个阶段：分解动作阶段、连贯动作阶段、独立完成连贯动作阶段、熟练完成连贯动作阶段。学生只有经过长期、反复的练习，才能熟练掌握某项运动技能。要想掌握篮球、足球运动中较为复杂的技术、战术，或体操中的滚翻等技能，学生都需要进行长时间的学习与训练，经历由不会到会、由不熟练到熟练的过程。体育教师在此过程中，需要严格遵守循序渐进的原则，指导学生掌握基本的运动技能，合理安排练习内容、练习时间、练习形式，使学生通过不断的重复练习提高运动技能。

（四）身心练习的统一性

现代科学研究发现，身体健康与心理健康关系密切，二者能够相互促进。因此，高校体育教学需要注重学生的身心共修，重视身心练习的统一性。高校体育教学在提高学生身体素质的同时，能够强化学生的心理素质，促进学生身心全面发展。

（五）教学条件的制约性

高校体育教学活动的实施涉及诸多要素，受诸多教学条件的制约。高校体育教学条件的制约性主要表现在以下两个方面：

1.与学生有关的因素

与学生有关的因素有许多，如男生、女生的不同身体形态、机能水平、运动能力等。高校体育教学要想顺利进行，收获好的效果，就需要格外关注学生在运动基础方面、个人体质方面的实际情况，加以区别对待。高校体育教育相关部门、体育教师在选择教材、制订教学计划等时要充分考虑这些差异。

2.与教学环境有关的因素

体育教学环境质量的高低在很大程度上影响着高校体育教学的效果。若面临严重的空气污染、噪声污染等，高校体育教学活动势必难以取得较好的效果。

第二节　高校体育教学评价

一、体育教学评价的概念

评价，即通过计算、观察和咨询等方法对某个对象进行一系列的复合分析研究和评估，从而确定对象的意义、价值或者状态。

教学评价是依据教学目标对教学过程及结果进行价值判断并为教学决策服务的活动，是对教学活动现实的或潜在的价值作出判断的过程。教学评价是研究教师的教和学生的学的价值的过程。教学评价一般包括对教学过程中教师、学生、教学内容、教学方法手段、教学环境、教学管理等因素的评价，但主要是对学生学习效果和教师教学过程的评价。

通过教学评价，学生会对自我有更加充分的认知。根据教学评价反馈的信息，教师可以进行适当调整，从而提高自身的教学能力，从而提高教学效果。

体育教学评价是教育评价的组成部分，是一般评价活动在教育领域的具体表现，是在遵循体育教学规律基础上，依据体育教学目标，按照一定的评价标准，运用科学的方法和手段，对体育教学的要素、过程和效益进行价值评判的活动。体育教学评价作为衡量体育教学过程和效果的重要工具之一，不仅能反映体育教师在体育教学过程中的不足之处，而且可以帮助学生发现自己在学习过程中存在的问题。

二、体育教学评价的内容

体育教学评价的内容主要包括教师对体育教学过程的评价、教师对学生学习的评价、学生对体育教学过程的评价、学生对体育学习过程的评价以及其他评价。

（一）教师对体育教学过程的评价

教师对体育教学过程进行评价是提高自身教学能力和体育教学质量的重要举措。通常来说，教师对体育教学过程的评价主要包括两种形式：一是体育教师的自我评价，二是体育教师之间的互评。

1.体育教师的自我评价

体育教师的自我评价，即体育教师基于对自己在体育教学过程中所出现问题的反思、总结所作出的评价。自我评价是体育教师自我理解、自我改进、自我超越的过程，对体育教师教学能力的提高具有重要意义。

2.体育教师之间的互评

体育教师之间的互评，即体育教师根据具体的评价内容、评价标准、评价要求等，针对体育教学中的优点、不足等进行互相评论。体育教师之间的互评有助于体育教师客观地分析自己的课堂教学，听取其他体育教师的意见和建议，取长补短，不断提高自己的教学能力和教学质量。

（二）教师对学生学习的评价

教师对学生学习的评价也是体育教学评价的一个重要内容，主要包括两种评价形式：一是对学生学习过程的评价，二是对学生学习结果的评价。

1.对学生学习过程的评价

体育教师对学生学习过程的评价主要包括以下几个方面的内容：①学习态度；②投入程度；③体育知识与技能的掌握情况和运用情况；④合作精神。

对学生学习过程进行客观的评价，有助于激发学生的学习动力，改进学生的学习方法，提高学生的学习效果。

2.对学生学习结果的评价

体育教师对学生学习结果的评价主要是指体育教师对某一阶段学生学习

活动最终成果的综合性评价。对学生学习结果进行客观的评价，能够帮助体育教师及时了解某一阶段学生的学习状况，以便灵活调整教学计划等，从而助力学生体育学习效果的提高。

（三）学生对体育教学过程的评价

学生对体育教学过程的评价主要包括两个方面的内容：一是学生对课堂教学内容和教学方法的及时反馈，二是学生评教活动。

1.学生对课堂教学内容和教学方法的及时反馈

学生对课堂教学内容和教学方法的及时反馈是一种非正式的体育教学评价活动，体育教师通过接收学生的反馈，能够及时了解教学过程中存在的问题，更好地把握教学的重难点，从而不断调整教学内容、教学方法等，帮助学生更好地掌握体育相关知识与技能。

2.学生评教活动

学生评教活动，即评价者所组织的由学生对体育教师的教学内容、教学能力、教学态度、教学效果等进行的综合性评价活动。学生评教活动可使教师了解学生对教学方法、教学内容等的评价，从而提升自己的教学能力。

（四）学生对体育学习过程的评价

学生对体育学习过程的评价主要包括两种形式：一是学生的自我评价，二是学生之间的评价。学生对体育学习过程的评价能够帮助学生对自身的学习状况有一个较为全面的了解。需要注意的是，在具体的体育学习评价过程中，教师既要重视学生的自我评价，同时又不能完全依赖学生的自我评价，应该将学生的自我评价、学生之间的评价等有机结合起来，更好地为学生的进步与发展服务。

（五）其他评价

除了上述几种体育教学评价内容，还有其他评价内容，比如专家评价、家长评价、社会评价等。这些评价多作为辅助性评价，但对体育教学活动的开展、体育教学质量的提高同样有着重要的作用。

三、体育教学评价的功能

（一）导向功能

体育教学评价的导向功能是指体育教学评价本身所具有的引导评价对象朝着理想目标前进的功效和能力，这是由评价标准的方向性决定的。在体育教学评价中，对任何被评对象所作的价值判断，都是根据一定的评价目标、评价标准进行的。

体育教学评价的目标、标准等，对被评价对象来说，起着"指挥棒"的作用，为他们的努力指明方向。被评价对象必须按目标努力才能达到合格标准，否则就达不到合格标准，得不到好的评价。其中的评价目标是由目标制定者根据社会需要而制定的，是评价者对被评价对象应达到的社会价值的反映，也是社会需要的体现。

通过体育教学评价的导向作用，教师可以引导某项教育活动朝正确方向发展。体育教学评价，可以为学校指明办学方向，为教师和学生指明教与学的努力方向。

（二）诊断功能

体育教学评价的诊断功能是指体育教学评价对教学的成效、矛盾和问题作出判断的功效和能力。科学的体育教学评价过程是评价者利用观察、问卷、测验等手段，搜集被评价对象的有关资料并进行严格分析，根据评价标准作出价值判断，分析出或者说出、诊断出教学活动中哪些部分或环节做得好，应加以保持和提高；同时也指出哪些地方存在问题，找出原因；再针对这些原因提供改进途径和措施的过程。体育教学评价在提高教学工作质量上具有重要作用。

（三）调控功能

体育教学评价为体育教学活动内容、形式等的调整提供依据。根据体育教学评价的最终结果，教师可以对体育教学计划进行修订，对体育教学方法进行改进，学生也可以对学习策略进行调整。

（四）激励功能

合理有效地运用体育教学评价，能够激发教师教学、学生学习的动力。在被评价对象比较多的情况下，体育教学评价会使被评价对象之间进行不自觉的比较。在一般情况下，被评价对象往往有获得较高评价和实现自身价值的愿望。恰如其分的体育教学评价结果能给人以心理上的满足感，从而激励人们不断进取。对于某些取得较好评价结果的教师和学生来说，体育教学评价结果是对其过去成绩的肯定与表扬，会使被评价对象更加努力、更加主动，以取得更好的成绩；对于某些取得不好评价结果的教师和学生来说，体育教学评价结果是有力的鞭策。对于体育教学评价的激励功能，教师应该有效利用，对学生尽可能地开展正面激励，避免挫伤学生学习的积极性。在日常教学过程中，教师应帮助学生设定个人进步目标，使他们在每次参与体育活动时，都能感觉到自身的进步。

四、体育教学评价的分类

按照不同的标准，体育教学评价可分为不同的类型。

（一）根据不同的评价基准进行分类

根据不同的评价基准，体育教学评价可以分为绝对评价、相对评价与自身评价三类。

1.体育教学绝对评价

体育教学绝对评价，是指根据被评价对象集合之外的一定目标和准则确定评价标准，解释测评结果，作出评价结论。实施绝对评价的关键是科学合理地确定合格标准。

体育教学绝对评价的特点如下：第一，评价标准明确客观；第二，评价结论是将被评价对象的实际水平与客观标准直接比较而得到的，不依赖于被评价对象所在群体的状态水平；第三，评价结果难以反映被评价对象之间的差异。

体育教学绝对评价的优势是有比较客观的评价标准。在体育教学评价过程中，恰当地使用此种评价方式，有助于被评价对象了解自身同客观标准之间的差距，有助于被评价对象向标准靠拢。此外，通过体育教学绝对评价，体育教学管理部门可以全面了解体育教学各项工作的完成情况。

2.体育教学相对评价

体育教学相对评价，就是指将基准建立在被评价对象的集合或者群体中，然后逐一地将各个对象同基准进行对比，来对群体或者集合中每一个成员的情况进行判断。体育教学相对评价的基准是群体的平均水平。体育教学相对评价的优势是应用广泛。就是说，无论群体的整体水平如何，都能够将优劣对比出来。

体育教学相对评价的特点如下：第一，对被评价对象的评定结论有赖于群体的状态水平，不注重评价的目标，只看个体在群体中的相对位置；第二，评价的阶梯比例是预先设立的，无论被评水平多么高，总有差异出现；第三，内部可比性强，具有激励促进作用。

3.体育教学自身评价

体育教学自身评价，主要指被评价对象对自己各个方面的能力展开评价，从而确定自身的进步情况。体育教学自身评价的优点包括：尊重个性特点，照顾个别差异，通过对个体各个方面进行纵横比较，判断其学习现状。体育教学自身评价的缺点是由于被评价对象没有经过与其他学生的比较，难以判断评价者的实际水平。在实践中，体育教学自身评价和相对评价应结合起来使用。

（二）根据不同的评价功能进行分类

根据不同的评价功能，体育教学评价可以分成诊断性评价、形成性评价与总结性评价三类。

1.体育教学诊断性评价

体育教学诊断性评价，也被称作前置评价，一般是指在某项教学活动开始之前对学生的知识、技能以及情感等方面进行的评价。在体育教学过程中，教师需要深入了解学生已有的知识、掌握技能的情况，了解他们的学习动机和状态，发现他们学习中存在的问题及原因。通常教师可采用体育教学诊断性评价来获取这些信息，并借此形成适合学生特点的体育教学方案。

2.体育教学形成性评价

体育教学形成性评价又称体育教学过程评价，是指在教学过程中，为使教学顺利进行而对教学行为及教学效果实施的评定。体育教学形成性评价既可以是对教师教的评价，也可以是对学生学的评价。体育教学形成性评价的宗旨在于为体育教学提供反馈信息，从而帮助教师和学生改进教与学。更为频繁、内容更多、概括性水平较低等是体育教学形成性评价与总结性评价的主要区别。相对而言，体育教学总结性评价侧重对已完成的教学效果进行确定，属于"回顾式"评价；而体育教学形成性评价侧重教学的改进和不断完善，属于"前瞻式"评价。

3.体育教学总结性评价

体育教学总结性评价，也被称为后置评价，通常是当体育教学活动结束一段时间以后，为了能够对体育教学活动的最终结果进行把握而开展的评价。例如，在学年末或者学期末，体育教师进行体育教学总结性评价，主要目的是对学生的学习结果进行检验，评定学生的学业成绩，确定学生达到教学目标的程度，说明学生掌握知识、技能的程度和能力水平状况，以确定学生在后续教学活动中的学习起点，并为确立新的教学目标提供依据。

（三）根据评价的分析方法和评价结果是否量化进行分类

根据评价的分析方法和评价结果是否量化，体育教学评价可以分为定性评价与定量评价。

1.体育教学定性评价

所谓的定性评价，是指用描述、解释的方法进行的评价。体育教学定性评价采用描述性的语言进行评价，能评价体育教学定量评价无法涉及的领域，如学生的意志、兴趣、情感态度等。体育教学定性评价还能评价学生较高级的理解能力、鉴赏能力、肢体表达能力等。体育教学定性评价的缺点是难以避免主观因素的干扰，评价的可信度较低。

2.体育教学定量评价

所谓的定量评价，是指采用定量计算的方法进行的评价。体育教学定量评价采用数学方法将体育教学效果量化，评价结果精确、可信度高。体育教学定量评价的缺点是难以评价学生学习体育的意志、兴趣、情感态度等，也无法测定学生的理解能力、鉴赏能力、肢体表达能力等。

不同的评价方式具有不同的功能，且每一种评价方式都有自己的优势和不足。高校体育教师应该按照教学实际的目标、需求等选择合适的评价方式。

五、高校体育教学评价的优化措施

高校体育教学评价的优化措施主要有以下几点：

（一）重视学生在评价中的地位，实现自评与他评相结合

体育教学评价是体育教学的重要组成部分之一。学生既是学习的主体，也是体育教学评价的主体，因此体育教学评价应重视学生在评价中的地位。学校应建立能够促进学生全面发展的评价体系，努力改变评价主体单一的情况，保证体育教学评价的主体多元化，确保评价主体不仅有体育教师，还要有班主任、专业课教师等；不仅要有家长，还要有学生。体育教学评价作为一种交互活动，需要教师、学生和家长的共同参与。

此外，还要将自评与他评相结合，重视自我评价。教师、学生的互评与自评能够使他们对自身有清晰、全面的认知。

（二）重视对学生心理健康、学习态度、情感等的评价

体育教学的最终目标是使学生得到全面发展。因此，高校体育教学评价应重视对学生心理健康、学习态度、情感等的评价。教师可根据学生的认知规律与心理趋向，对体育课程内容进行设计，激发学生学习的积极性和主动性。学生对体育的情感、态度等影响其学习的积极性和主动性，更影响其未来发展，所以应予以格外重视。

（三）重视对学生终身体育意识形成和发展情况的评价

高校体育教学的主要目标是使学生养成良好的体育锻炼习惯，形成终身体育意识。将终身体育意识渗透到高校体育教学中，使体育活动成为一种习惯，长久地影响学生的学习和生活，有助于学生身心健康成长，对学生树立正确的思想观念、培养坚定的意志品质有很大帮助。在高校体育教学的过程中，教师要准确地传达体育精神和体育理念，通过有效引导，调动学生的积极性，促使学生主动参与体育活动，使学生形成终身体育意识。

相关人员应积极改变传统的体育评价体系，注重对学生终身体育意识形成和发展情况的评价，使学生逐步形成终身体育意识。

第二章　高校体育课堂教学

第一节　高校体育课程的
目标与类型

要想搞好高校体育课堂教学，教师首先应了解高校体育课程的相关内容。

一、高校体育课程的目标

《全国普通高等学校体育课程教学指导纲要》将体育课程目标分为基本目标和发展目标。

（一）基本目标

基本目标是根据大多数学生的基本要求而确定的，分为五个领域目标。

1.运动参与目标

积极参与各种体育活动并基本形成自觉锻炼的习惯，基本形成终身体育的意识，能够编制可行的个人锻炼计划，具有一定的体育文化欣赏能力。

2.运动技能目标

熟练掌握两项以上健身运动的基本方法和技能；能科学地进行体育锻炼，提高自己的运动能力；掌握常见运动创伤的处置方法。

3.身体健康目标

能测试和评价体质健康状况，掌握有效提高身体素质、全面发展体能的知识与方法；能合理选择人体需要的健康营养食品；养成良好的行为习惯，形成健康的生活方式；具有健康的体魄。

4.心理健康目标

根据自己的能力设置体育学习目标；自觉通过体育活动改善心理状态、克服心理障碍，养成积极乐观的生活态度；运用适宜的方法调节自己的情绪；在运动中体验运动的乐趣和成功的感觉。

5.社会适应目标

表现出良好的体育道德和合作精神；正确处理竞争与合作的关系。

（二）发展目标

发展目标是针对部分学有所长和有余力的学生确定的，也可作为大多数学生的努力目标，分为五个领域目标。

1.运动参与目标

形成良好的体育锻炼习惯；能独立制订适用于自身需要的健身运动处方；具有较高的体育文化素养和观赏水平。

2.运动技能目标

积极提高运动技术水平，发展自己的运动才能，在某个运动项目上达到或相当于国家等级运动员水平；能参加有挑战性的野外活动和运动竞赛。

3.身体健康目标

能选择良好的运动环境，全面发展体能，提高自身科学锻炼的能力，练就强健的体魄。

4.心理健康目标

在具有挑战性的运动环境中表现出勇敢顽强的意志品质。

5.社会适应目标

形成良好的行为习惯，主动关心、积极参加社区体育事务。

二、高校体育课程的类型

高校体育课程主要有以下几种类型：

（一）体育必修课

《全国普通高等学校体育课程教学指导纲要》第五条指出："普通高等学校的一、二年级必须开设体育课程（四个学期共计 144 学时）。修满规定学分、达到基本要求是学生毕业、获得学位的必要条件之一。"

体育必修课是为大学一、二年级在校生开设的体育课程，有严格的学时规定和学籍管理要求。凡是身体健康、无残疾的学生都必须按规定完成各校体育教学大纲中的基本任务，并通过严格的考核，获得相应的学分。

（二）公共体育选修课

《全国普通高等学校体育课程教学指导纲要》第五条指出："普通高等学校对三年级以上学生（包括研究生）开设体育选修课。"

公共体育选修课是为大学三年级以上的学生开设的体育课程，学生可根据自己的兴趣、爱好及未来职业的需要，自主选择适合自己的运动项目，以提高自己的运动能力。体育选修课是大学生培养体育意识、养成锻炼习惯、形成健康生活方式的一个重要途径。

（三）康复保健课

康复保健课是为大学一、二、三年级中患有慢性疾病或身体残疾不宜参加剧烈运动的学生开设的，以康复、保健效果较好的传统体育项目和保健康复理论知识为主要教学内容的课程。

（四）运动训练课

运动训练课是为在某一运动技术方面有特长的学生开设的。运动训练课主要通过系统的专项运动训练，提高学生的专项竞技水平，使参加训练的学生能够代表学校参加各类比赛，为学校争得荣誉。运动训练课的具体项目视各校具体情况而定。

《全国普通高等学校体育课程教学指导纲要》第七条指出："为实现体育课程目标，应使课堂教学与课外、校外的体育活动有机结合，学校与社会紧密联系。要把有目的、有计划、有组织的课外体育锻炼、校外（社会、野外）活动、运动训练等纳入体育课程，形成课内外、校内外有机联系的课程结构。"

第二节　体育课堂教学中场地的布局和使用

高校体育课堂教学活动的开展离不开一定的时间与空间，因此场地的布局和使用对高校体育课堂教学活动的开展有一定影响。若是离开了场地，高校体育课堂教学活动就无法正常开展。

体育课堂教学中场地的布局和使用，除了要充分体现以人为本的理念，还要充分把握学生的身心特征，考虑安全性、教学目标的实现等。

有的体育教学项目对场地的要求比较高，如篮球、网球等；有的体育教学项目对场地的要求比较低，如健美操等。高校体育教师应根据不同的教学内容选择不同的场地，进行场地布局，从而提高教学质量。

一、球类运动教学场地的布局和使用

高校球类教学活动往往是在相关球类场地上开展的。

高校体育教师在布局和使用球类运动教学场地时，应注意以下几点：

第一，若是学校建设有两个以上的球类运动场地，在进行球类运动教学时，最好选择邻近的场地，这有助于教学活动的顺利开展。

第二，场地要保证平整、硬度适中、无杂物，以保障学生在运动中的安全。

第三，若教学场地旁是校园围墙，要将围墙加高，以避免一些麻烦，如球飞出墙外等。

第四，球类教学场地应画有固定的标志线，以促进教学活动的开展。

第五，球类运动的设施，如排球网、乒乓球台等，要牢固、结实、耐用、美观。相关人员要注意经常检查维修，以确保使用安全。

第六，如果在较大的场地上进行教学，教师可在场地上设置一些标志，以明确学生的活动范围，从而有效调控教学活动。

二、田径类运动教学场地的布局和使用

田径运动包括跑、跳、投、竞走以及由上述部分项目组合而成的全能项目。田径类运动的教学多是在较大的场地上进行的。

高校体育教师在布局和使用田径类运动教学场地时，应注意以下几点：

第一，若进行走、跑类运动的教学，要确保场地是平坦且硬度适中的。

第二，若进行跳远、跳高的教学，落地区一定要有沙坑或者垫子，这样可以方便教学。

第四，若进行投掷项目的教学，要确保场地的布局合理，充分保障学生安全，避免事故的发生。

第五，当在篮球场上进行走、跑类的教学时，要充分利用场地的长度和宽度，也可利用场地的对角线来让学生进行快速跑练习。

第六，若进行耐久跑教学，可根据场地实际情况来设计跑动路线，如螺旋形等路线，这样不仅可以充分利用场地，还可以使教学活动具有一定的乐趣。

三、体操类运动教学场地的布局和使用

体操类运动包括竞技体操、艺术体操、蹦床等。

高校体育教师在布局和使用体操类运动教学场地时，应注意以下几点：

第一，体操练习场地的地面要无杂物，保证平坦。

第二，场地中相邻器械之间要留有足够的距离。

第三，教学练习场地的布置还应考虑美观性。

四、舞蹈与武术类运动教学场地的布局和使用

舞蹈与武术类运动教学，对场地往往没有太多要求，空间够大即可。在教学过程中，教师可以根据学生人数灵活设计练习的队形，以充分利用场地。

高校体育教师在布局和使用舞蹈与武术类运动教学场地时，应注意以下几点：

第一，场地要足够平坦，且要有足够的空间；此外，舞蹈与武术类运动教学往往需要音乐伴奏，为避免影响到其他班级的教学，最好远离教学区。

第二，舞蹈与武术类运动教学，由于需要学生高度集中注意力，因此教学场地要选择周围干扰因素较少的地区。

第三，舞蹈与武术类运动教学场地要整洁、美观，以营造一个令师生都身心愉悦的教学环境。

第四，若舞蹈与武术类运动教学是在不规则的场地上进行的，教师就要根据学生人数，结合场地的具体形状、大小等来设计上课队形。

第五，对舞蹈与武术类运动教学场地进行布局时，要保证学生能够清楚地看到教师所做的示范动作；还要确保相邻学生之间的距离充足，以保证学生能正常进行练习。

第三节　体育课堂教学中的队列队形

队列队形即队列行为准则中所规定的各级部（分）队的行列组织结构与动作表现形式。队列队形练习是体育教学的重要内容。队列队形练习，可使学生掌握正确的坐、立、行等身体姿态，对于培养学生的纪律性、组织性以及集体主义精神起着十分重要的作用。

一、体育课常用队列队形

（一）四列横队队形

四列横队队形在体育教学中是一种常见的上课集合队形，不管是在上课整队时，还是在进行讲解示范时，教师基本上可以观察到所有学生，有助于教学的组织和管理。然而当采用这种队列形式时学生的视线会受到一定限制，如果让前两排学生蹲（坐）下，就不会影响后面学生的视线，这样教学效果会更好。

有些教师让女生站在前面，男生站在后面，从而做到男女生兼顾；也有的教师让男生站在前面，女生站在后面，从而更好地管理男生。在高校体育教学过程中，具体男生在前还是女生在前，要根据教师个人习惯、教学管理需要等来确定。

（二）双列式队形

双列式队形，是指在四列横向队形或是四路纵向队形的基础上，经过变化而成的一种队形，也可以是由教师直接发出指令，使学生按照一定规定而站成的队形。双列式队形可以使学生更好地观察教师的示范讲解。例如，教师讲解和示范球类运动技术动作时，两侧的学生更容易听清和看清教师所讲解的内容和动作示范，这种队形在体育教学中经常应用。双列式队形要注意两队相隔距离不能太近，一般相隔5~6米，有时为满足教学需要，距离可以更大一些。

（三）八字队形与弧形队形

八字队形与弧形队形有相同之处也有不同之处。在八字队形中，学生在教师两侧稍后的位置站立。这一队形往往应用于投掷项目教学，是一种较为安全的队形，同时也有助于学生看清教师的示范、听清教师的讲解。弧形队形多应用于跳高教学中，有助于学生从不同角度观察教师的示范、聆听教师的讲解。

（四）长方形或方形队形

在体育教学中教师也会经常运用长方形或方形队形，这种队形可以使教师更加迅速和便捷地组织教学活动和展开教学管理。处于这种队形中的学生，无论在哪一个位置都可以听清教师的讲解，看清教师做的示范。例如，在篮球教学中使用长方形或方形队形，学生可沿篮球场边线和端线做各种跑动练习，也可以站在线上面向场内，做徒手操作和模仿性练习，有助于学生之间相互观察和交流，也有助于教师观察学生。

（五）圆形队形

在体育教学中，圆形队形的运用也比较广泛，这一队形有助于增加教师的亲和力，也便于教师上课时调动学生学习的积极性和主动性。在体育教学中使用圆形队形，学生在任何位置都可以看到教师的示范，也能更好地观察其他同学。有的教师在技巧课、舞蹈课上常用圆形队形，有的教师在体育课开始时的热身活动和结束时的放松活动时常用圆形队形。

（六）散点式队形

在体育教学中，有的教师会运用散点式队形。采用散点式队形，有助于教师对个别小组和区域的学生进行指导。采用散点式队形可以突出学生这一主体，有助于培养学生学习的自觉性、发展学生的个性。

二、队列队形的使用建议

队列队形的使用建议主要有以下两点：

第一，应采用多变的队列队形，激发学生的练习兴趣，以取得不错的练习效果。有的学生认为队列队形练习单调乏味，对此练习兴趣不高，教师要善于发现并及时解决练习中发生的问题，适时调整队列队形，对学生进行正面教育、鼓励、表扬等，以激发其学习的积极性和主动性。

第二，注意口令的运用。口令是教师完成队列队形练习的重要语言工具，是必须执行的口头命令。教师应不断提高自身的口令技能水平，提高队列队形练习的质量。

第四节　体育课堂教学中的动作示范

一、动作示范的含义

动作示范是体育教学、运动训练中动作技能教学的重要环节。动作示范，简单来讲就是教师或教练将需要学生掌握的标准动作展示给学生，使其了解动作的结构及特点。

教师动作示范的主要目的是给学生提供一个可模仿的范本，让学生通过观察初步形成所学动作的视觉表象。动作示范除了可以帮助学生了解动作的基本特征，还可以帮助学生形成正确的动作概念。

许多学生学习运动技能都是从观察和模仿体育教师的示范动作开始的。动作示范是体育教学中比较常见的一种教学手段，不仅是最方便的，也是最经济的，因此高校体育教师必须掌握这项教学技能。

二、动作示范的时机与位置

（一）动作示范的时机

在体育教学中，进行动作示范的时机不同，作用效果也是不同的。教师应根据教学需要、学生状态等选择适宜的时机进行动作示范。例如，教师在体育课刚开始时做一个漂亮的动作示范，可以起到吸引学生注意力和激发学生运动兴趣的作用；教师在学生练习之前进行动作示范，让学生模仿，可使学生产生初步的动作视觉表象；教师在学生练习过程中做示范，可以帮助学生纠正动作错误，使学生进一步明确动作要领；教师在体育课结束时做示范，有助于学生巩固学到的动作。

教师在学生渴望看到教师示范的时候，或在学生注意力比较集中的时候进行示范，一般来说会取得较好的效果。因此，营造一种让学生期待示范的氛围，对于提高示范效果具有非常重要的意义。高校体育教师要准确把握示范时机，合理创造示范时机，努力提高示范效果。

（二）动作示范的位置

在高校体育教学中，教师进行动作示范的位置也是很重要的。

关于示范位置的选择，首先要保证所有学生都能看清教师所示范的动作，尤其是后排的学生，要让他们也都能观察到教师的示范动作。当学生人数较多，横排超过四排时，教师最好让前面两排学生蹲下，以保证后排学生能清楚地看到示范的动作。如果进行动作示范时，教师的示范位置较低，也可让前排学生蹲下，以保证所有学生都能清晰地看到示范。

高校体育教师在选择动作示范的位置时，要充分考虑环境因素。在室外进行动作示范时，为使学生不受强烈的阳光、风沙等的影响，教师可让学生背对太阳、背对风向。

高校体育教师在选择动作示范的位置时，还要考虑学生观察动作的角度、学生人数、学生队形分布情况等。

高校体育教师选择合理的示范位置，有助于学生更清晰、更全面地看到教师所示范的动作。

三、动作示范的方法

动作示范的方法有很多，高校体育教师应根据教学的具体目的、学生的情况等来选择使用哪种方法。下面简单介绍几种动作示范方法：

（一）完整示范法

完整示范法是指教师将整个体育动作完整且连贯地演示出来的方法。

高校体育教师在讲授新的教学内容时，应首先进行一个完整的动作示范，这样可以充分调动学生的感官，使他们保持较高的学习热情并投入学习当中。例如，在学习支撑跳跃时，教师可以运用完整示范法，在讲授前先做一个正确优美的完整示范，这样可以消除学生特别是女生对支撑跳跃的惧怕心理，使其看到动作的美感，激发其学习的积极性和主动性；在导入跨越式跳高内容时，教师可以运用完整示范法，使学生观察到跨越式跳高的完整动作，帮助学生建立完整的动作概念。

适用完整示范法的动作，往往结构比较简单；较难、较复杂的动作，往往不适合采用完整示范法。究其原因，主要是复杂动作的完整示范，不利于学生对整体动作的把握和理解。教师若采用完整示范法示范结构相对复杂的动作，要注意配合相关措施来降低动作难度，并对动作进行有重点的示范，避免学生对动作产生惧怕心理。

（二）分解示范法

分解示范法是指教师根据教学的需要，将需讲授给学生的完整动作合理分解为若干部分，并结合教学的重点和难点，有针对性地示范分解动作的方法。教师可通过这一方法重点讲解动作中的较难部分，从而方便学生对重点、难点进行集中突破，有助于学生全面掌握动作。但是，这一示范方法会破坏动作的完整性和连贯性，使动作之间的内在联系被割裂。

在教授学生学习较复杂的运动技能时，教师可运用分解示范法，将动作分解为几部分，对动作难点和重点逐个突破。例如，在讲解原地正面掷实心球时，教师可运用分解示范法，将动作示范分成两个部分：一是用力前的预备姿势；二是用力将实心球掷出的动作。第一部分看起来简单，是一个相对静止的动作，但实质上该动作对于后面的掷球动作来说，是一项很重要的衔接技术动作。学生只有理解和掌握了该动作，才能准确将实心球掷出。教师可把快速跑的技术动作分解成起跑和起跑后的加速跑、途中跑、终点冲刺和撞线；把跳高的技术动作分解成助跑起跳、过杆落地；把支撑跳跃的技术动作分解成助跑踏跳、腾空落地；把篮球行进间投篮动作分解成徒手跨步、跨步接球、起跳投篮；等等。在教学过程中，教师要讲清楚每个环节在整个技术动作中的作用，使学生明确该环节和整个技术动作的关系。

在高校体育教学中，教师以分解示范法来帮助学生掌握技术细节是很有必要的，但不建议过多使用此法，因为这容易使体育课变成机械式的操练，不利于学生学习兴趣的保持。

（三）常速示范法

常速示范法指教师为了让学生能够对新讲授的完整动作有一个初步的了解，采用正常速度进行演示，以使学生建立起完整的动作概念的方法。教师可适时使用常速示范法，使学生感受运动的魅力，并激发学生的求知欲。例如，在太极拳的教学中，教师可运用常速示范法，用正常速度将太极拳的整套动作示范一遍，让学生初步了解太极拳的完整动作结构，领略我国传统武术项目的精神内涵和特点；然后，再根据该次课的任务，进行其他形式的示范教学。常速示范法由于速度较快，不利于学生对具体动作的把握，在这种状况下，教师可以采用其他方法来进行辅助示范，如慢速示范法、分解示范法等。

（四）慢速示范法

慢速示范法指教师采用较慢速度演示动作的方法。教师在教学中采用慢速示范法的主要目的是使学生可以更为清晰地观察完整动作。当运用慢速示范法时，教师会对原来动作的速度和节奏进行减慢处理，这降低了动作的难度，有助于学生对动作要点的掌握。体育教师在讲授新的教学内容时，要在适当的时机针对动作中的一些难点和重点采取慢速示范法，并配合讲解，以使学生准确把握动作要领。但是，在动作练习阶段，教师不可过多使用慢速示范法，而要引导学生多以常速练习动作。

（五）对比示范法

对比示范法指教师对所需教授的相似技术动作进行对比，或是对正误动作进行对比的一种示范方法。运用对比示范法，有助于加强学生的判断、分析能力。在教学实践中，教师要对所授动作的技术关键、结构等有充分的把握，运用对比示范法选取与所授动作相似的动作来进行对比示范，以便学生更快学会动作。此外，教师还可进行正误对比示范，帮助学生辨别正误动作，帮助其纠正错误动作、掌握正确动作，并加深其对动作的理解。

四、动作示范方向

在体育教学中，若教师在示范动作时身体有移动，移动的方向就会对示范效果产生一定的影响。例如，高校教师在进行快速跑、立定跳远等体育项目的示范时，不恰当的移动方向会影响学生对相关示范动作的观察。通常，教师在示范动作时不宜前后移动，应左右移动。例如，在进行快速跑、高抬腿跑、跨步跳等动作的示范时，教师应当侧对学生跑步或跳跃，使学生能观察到教师跑或跳的速度、动作特征等；在做篮球侧滑步的动作示范时，教师则应面对学生进行示范，使学生观察到侧滑步的动作要点。若教师做高抬腿跑的动作示范时背对学生，学生只能看到教师的背影，难以观察到高抬腿的腿部动作特征、身体姿态等，这样就失去了示范的意义。

动作示范的方向有正面、侧面、背面、镜面。

（一）正面示范

正面示范，即教师面对学生进行示范，适用于一些简单易学的动作。在实际教学中，为了展示动作在左右方向上的变化，高校教师多采用正面示范，如篮球防守中的左右移动、武术中的马步冲拳等。

（二）侧面示范

侧面示范，即教师用身体侧对学生做示范。为展示动作在前后方向上的变化，高校教师一般多采用侧面示范，如跨栏跑的摆动腿上栏动作和起跨腿后蹬、提拉动作等。

（三）背面示范

背面示范，即教师背对学生做示范，一般用于某些方向、路线变化比较复杂的动作或身体各部位配合较难的动作，如武术中的器械套路、健身操的套路动作等。由于这些动作方位变化多且没有规律，因此高校教师在示范时，多采用背面示范。

（四）镜面示范

镜面示范，即教师面向学生示范，示范动作的方向与学生练习方向一致。镜面示范法通常用于动作方向为左右方向，路线较为简单的徒手操、武术和舞蹈中的某些动作等。

五、动作示范的注意事项

高校体育教师在做动作示范时，应注意以下几点：

（一）明确目的

在高校体育课堂中，教师的每一次示范都要有一定的目的。高校体育教师要依据教学目标、教学步骤及学生当时的实际情况等，来确定所需示范的内容、方法、时机、位置等。无目的的示范只会分散学生的注意力，不利于提升教学效果。

（二）动作正确

在高校体育教学中，教师的示范动作必须是正确的，以使学生形成正确的动作概念。

（三）位置恰当

在高校体育教学中，教师在示范动作时要注意位置的选择，尽量选择合适的位置，做到让每一个学生都能清楚地观察到教师所做的示范动作。此外，高校体育教师应根据实际情况适时调整位置。

（四）方向合理

高校体育教师在进行动作示范时，要保证示范动作方向的合理性，使每个学生都能观察到动作的移动方向、主要特征等。

（五）注重动作示范与讲解的结合

讲解是高校体育教学中常用的教学方法。将动作示范与讲解结合，往往会产生不错的教学效果。

动作示范与讲解的组合方式有以下几种：一是先做动作示范后讲解；二是边讲解边做动作示范；三是先讲解后做动作示范。不同的组合方式，产生的效果也是不同的。实践证明，教师边讲解边做动作示范，能更好地调动学生的视觉、听觉等感官，使学生更好地理解讲解内容，帮助学生在头脑中建立起一个清晰的动作表象，使学生更好地掌握动作。

但是，由于受到人的生理特征、动作本身特点等的限制，部分体育运动技能的教学都无法实现边讲解边做动作示范。学生学习新的动作技能时，教师若是不能边讲解边做动作示范，也可以先做动作示范后讲解或先讲解后做动作示范。

第五节　体育课堂教学秩序管理

在高校体育课堂教学中，各种干扰课堂秩序的事件随时都会出现。高校体育教师不仅要组织好教学内容，还要善于进行课堂教学管理，维持好体育课堂教学秩序，妥善处理好各种不同的问题，从而保证课堂教学顺利进行。

要加强高校体育课堂教学秩序管理，应注意以下几点：

一、规范体育课堂教学常规

为使高校体育教学活动顺利进行，在教学之初，教师要规范课堂教学常规。课堂常规是每个学生必须遵守的基本课堂行为准则。规范体育课堂教学常规，可以让学生明白课堂上什么能做、什么不能做，从而形成良好的课堂教学秩序。

在制定高校体育课堂教学常规时，教师要注意以下两点：

第一，规则条目要少而精，不能长篇大论，把所有要求都说清楚。

第二，语言要精练，条目要清晰、容易记。

第三，规则要明确合理。

二、及时妥善地处理课堂上的违纪行为

在高校体育教学过程中，若是学生出现违纪行为，教师应迅速反应，结合实际情况妥善处理。若学生消极对待学习任务，教师可采用沉默、皱眉、批评等方法进行处理。若学生的违纪行为明显干扰到其他学生，教师可采用提示、暗示或是制止、惩罚等方法进行处理。教师在处理违纪学生时，尽量不要中断教学活动。

三、建立良好的师生关系

教师只有在尊重学生主体地位的前提下才能和学生建立良好的师生关系，而建立良好的师生关系有助于形成良好的课堂教学秩序。高校体育教师要积极走近学生，欣赏学生，发现学生身上的闪光点，重视每一位学生，这样学生也会自然而然地重视体育课堂，自觉遵守课堂教学秩序。

四、营造良好的课堂氛围

课堂氛围是课堂教学中师生所呈现出来的一种心理状态。

不同的课堂氛围，学生学习的表现不同。在高校体育课堂教学中，教师要创造轻松的课堂氛围，这样学生才会积极主动学习，自觉维护课堂秩序。若课堂氛围不佳，学生往往难以积极主动学习，且学习效果不佳，更不会自觉维护课堂秩序。所以说，课堂氛围直接影响着学生的学习，影响着课堂秩序。

积极的课堂氛围有助于教学活动的开展，有助于课堂秩序的维护，有助于教师教学、学生学习积极性的调动和发挥。

第三章　不同教学模式
在高校体育教学中的应用

第一节　多媒体教学
在高校体育教学中的应用

多媒体技术是指通过计算机对文字、数据、图形、图像、动画、声音等多种媒体信息进行综合处理和管理，使用户可以通过多种感官与计算机进行实时信息交互的技术，又称计算机多媒体技术。

一、多媒体技术的特征

（一）多维性

多媒体技术的多维性，表现为人们借助多媒体技术可以对多种多样的信息进行处理，而不是像过去那样只能够对单一的文本、图像、视频等信息进行处理，然后将不同类别的多种媒体信息有机组合起来。例如，在高校体育教学中，教师可利用多媒体技术对图像、视频等信息进行处理，使学生能够借助图像、视频等看到、听到所学知识，更好地理解所学知识，从而提升教学效果。

（二）交互性

多媒体技术的交互性，表现为借助多媒体技术，用户可以和计算机进行交互。例如，人们在多媒体检索系统中进行检索时，多媒体技术可以根据使用者的兴趣爱好或检索意愿完成信息的选择和过滤，从而帮助使用者快速获取自己所需要的信息内容。

（三）数字化

多媒体技术的数字化，表现为在多媒体计算机系统中，各种各样的媒体信息都是以数字的形式在计算机中存放，并得到处理。多媒体技术是在数字化处理的前提下被建立的，例如，以矢量方式储存与处理的图形、以点阵方式储存与处理的图像、以数字编码方式储存与处理的音频和视频。

除了上述的三种主要特征，多媒体技术还有其他的特征，如分布性、综合性与实时性等。

二、多媒体教学在高校体育教学中的应用优势

近些年，多媒体技术不断发展，其在高校体育教学中的应用越来越广泛。多媒体技术在高校体育教学中的应用优势主要有以下几点：

（一）能形象地呈现课堂无法表达的重点与难点内容

多媒体具有文、图、声、像并茂的特点，可帮助学生建立全面、多感知、形象和多维的知识体系，从而形象地呈现课堂无法表达的重点与难点内容。

（二）提高学习效率

多媒体技术集文字、图像、音频、视频于一身，有助于形成一种文、图、声、像并茂，人机交互的教学方式，可以将以往单一的文字教材转变为内容丰富、形式新颖的多媒体课件，从而增强学习的趣味性，有效激发学生的学习兴趣，调动学生的学习积极性。

（三）多媒体软件便于使用、携带与保存

在计算机上编辑的多媒体教学文件，可打包储存在软盘、可移动硬盘等中，在任何支持相关系统的计算机上都可使用，这也为远程教学提供了方便，并可根据需要增加新内容，而且修改方便。

（四）有助于提升教学质量

借助多媒体技术，在文字、图像、音频、视频等的辅助下，高校体育课程的抽象概念得以具体化、形象化。例如，在多媒体技术的支持下，教师可通过播放慢动作视频的方式使学生对这一系列动作有清晰的认知，帮助学生形成相关体育概念、掌握相关动作要领，从而提升教学质量。

三、多媒体教学在高校体育教学中的应用问题

（一）设备不足、陈旧

某些高校多媒体设备硬件设施及配套设备不足、陈旧成为阻碍多媒体技术参与体育教学的现实因素。有些高校多媒体设备老旧，投影仪与电脑存在运行速度过慢的情况。此外，许多高校还存在多媒体教学资源与场地、配套缺失的情况。这些都严重影响了多媒体教学在高校体育教学中的正常开展，难以满足

体育教学、课外体育活动的刚性需求。

（二）技术培训欠缺，使用效果受限

体育学科与其他学科的主要区别在于：一是它对高校学生的身体素质有一定的要求；二是体育学科的理论知识相比于其他学科来说内容较少。因此，在高校体育教学中，高校教师往往会用更多的课时来安排实践教学，导致部分体育教师不能熟练运用多媒体技术。多媒体教学的本意应是将原本抽象的内容变得生动形象、简单易懂，增强学习的趣味性，以便学生能够更好地理解教师所要讲授的内容，但是如何将多媒体教学的优势最大化却成为许多体育教师在课堂中的一大难题。

多媒体教学的课件制作水平会直接影响教学的效果，无论是在已有课件或资源上做出修改，还是教师原创的课件或资源，都与教师的多媒体操作水平密切相关。因此，高校应注重相关技术培训。

（三）滥用技术，忽视教学实际

大部分体育教师对多媒体教学的方式是十分认可的，但部分教师在进行体育授课时过分看重多媒体教学方式的应用，滥用技术，反而忽视了教学实际。例如，在高校体育教学过程中，一个简单的篮球传接球动作，通过教师亲自示范、口头教授即可达到不错的教学效果，但个别教师却选择花费大量时间、精力去制作相关课件。

四、多媒体教学在高校体育教学中的应用策略

（一）提高重视程度，加大资源投入

大学生的健康关系到千家万户的幸福，关系到民族的未来和国家的竞争

力。高校相关领导应重视体育教学，加大引进多元化教学资源的力度，加快硬件设施配备与软件技术水平提升。学校领导对多媒体辅助体育教学的重视程度往往决定了其在学校教学方面的效果。此外，学校可建设与高校体育教学相关的小型操场和室内多媒体训练场地，建设专业化的多媒体教室，保障多媒体教学资源在高校体育教学中的有效利用。

（二）重视培训规划，提高教师的多媒体操作水平

高校体育教师的知识水平在一定程度上影响着体育教学效果，而高校体育教师的多媒体操作水平也在一定程度上影响着多媒体教学的效果。高校应在校内外为体育教师组织相关培训，在师资、经费等方面提供充足的保障。另外，高校可以组建多媒体教学课题组，对有不同需求的体育教师进行分层分批的培训；还可与其他高校进行相关合作、交流，根据本校具体教学情况进行特色教学培训。除此之外，高校还可定期在校内举办体育教师多媒体教学大赛，激励体育教师通过各种途径提高自己的多媒体操作水平。

五、CAI 在高校体育教学中的应用

如今，信息技术已经渗透到人们学习、工作和生活的各个方面。在教育领域中，人们借助多媒体技术改变传统的教学方式，目前应用最多的就是利用 CAI 课件进行辅助教学。

计算机辅助教学（computer-aided instruction, CAI）通常指以计算机作为教学的辅助手段，通过学习者与计算机交互来完成教学过程。CAI 课件可以构建一种学习环境，在这个环境中，学生与计算机相互交流，在计算机的指导下去完成一门课程的学习。CAI 课件的主要特点之一是创造个性化的学习环境。

CAI 的意义不止于此，对于教学，CAI 主要用于以下三个方面：①课堂展

示；②师生的个性化学习；③分析评价。其中，在课堂展示方面，CAI 课件主要用来配合教师的课堂教学活动，突破教学内容中的疑点和难点；在师生的个性化学习方面，教师或学生可以利用计算机工具查找教学的相关资料，参考学习别人的教学经验，或利用系列 CAI 教学软件进行个别学习活动；在分析评价方面，教师可以利用计算机建立学生档案，定量分析评价学生多方面的生活学习情况。

下面，笔者以体育 CAI 课件制作为例讲述 CAI 在高校体育教学中的应用。

体育 CAI 课件虽然有一定的优势，但也有不足。因此，高校体育教师不可过度依赖体育 CAI 课件，要结合所在高校的体育教学计划、体育教学条件、体育教学资源与体育教学内容等综合考虑是否采用体育 CAI 课件、采用什么样的体育 CAI 课件等。如确定要采用体育 CAI 课件，高校体育教师应精心设计，扬长避短，积极构建高效的体育教学系统。

首先，高校体育教师要对体育 CAI 课件的价值进行考虑，即这堂课是否必须使用体育 CAI 课件。如果某节课使用传统的教学方式就能起到较好的教学效果，高校体育教师就没有必要花费大量时间、精力去制作体育 CAI 课件；如果某节课使用传统的教学方式难以达到想要的效果，高校体育教师就有必要花费大量时间、精力去制作体育 CAI 课件。

（一）体育 CAI 课件制作步骤

制作体育 CAI 课件，主要有四个步骤：

第一步，确定题目。在确定题目之前，教师应提前了解相关规范、教学内容等。

第二步，撰写脚本。撰写脚本的目的是对高校体育教学的内容进行安排。脚本一般由具有丰富教学经验的高校体育教师撰写。

第三步，制作课件。

第四步，对课件进行测试、检验。

（二）体育 CAI 课件的制作原则

1.结构化分析原则

制作体育 CAI 课件，应遵循结构化分析原则，也就是教师要从系统分析的角度设计体育 CAI 课件，分解要依据结构要素的组成原则，直到能够完全理解和表现所有要素时，才可以停止分解活动。在体育 CAI 课件制作过程中遵循结构化分析原则，有利于清楚地表达出高校体育教学内容的层次性，有助于学生从宏观上完整认识教学内容、从局部细节上把握教学内容。

2.模块化设计原则

体育 CAI 课件制作的模块化分析原则是依据结构化分析的框架图要求，一个模块中包括多项相同或相近的教学内容，并保持模块之间的相对独立性。通过大量实践可知，体育 CAI 课件的模块设计简化了编程过程，并且使课件的制作风格更加统一和谐。

3.反馈和激励原则

体育 CAI 课件应该能够随时随地反馈学生的信息。好的体育 CAI 课件可以激发学生的体育学习兴趣，帮助学生调整学习状态，改善学生的心理状况，不断提升高校体育教学的效果和质量。在制作体育 CAI 课件时，教师还应遵循激励原则，采取相应的激励措施，激发学生学习的积极性和主动性。

在体育 CAI 课件制作过程中，教师不仅要充分重视理论方法和知识技能，也要注意遵循一定的设计原则和设计方法。高校体育 CAI 课件，既要融合传统的教学方法和教学经验，也要充分发挥新技术、新方法和新思路的优势，并根据高校体育教学目标和任务，从高校体育教学现状出发，不断提高课件的适用性和发展性。

（三）制作体育 CAI 课件的工具选择

在制作体育 CAI 课件时，如果能够选择合适的工具，那么往往会产生不错的效果。选择合适的工具，可以大大加快课件的开发进程，节省开发人力和资金，有利于将主要精力投入到脚本和软件的设计中去。选择制作体育 CAI 课件工具，应从编程环境、超级链接能力、媒体集成能力、动画创作能力、易学习性、易使用性、文档是否丰富等方面综合考虑。

1.工具选择的原则

选择制作体育 CAI 课件的工具应遵循以下原则：

（1）高效原则

选择制作体育 CAI 课件的工具应遵循高效原则，制作体育 CAI 课件的工具要具有丰富多样的功能、较高的媒体集成度等。

（2）易用原则

体育 CAI 课件的实际操作要具有简单、便捷等特点。体育 CAI 课件工具的选择要遵循易用原则，以使高校体育教师真正地接受并乐于使用体育 CAI 课件，从而使高校体育教师在较短时间内掌握多媒体课件的使用方法。

（3）价廉原则

体育 CAI 课件制作工具的选择应遵循价廉原则，只有价廉，才能被更多高校体育教师使用。

2.常用工具简介

在制作体育 CAI 课件的过程中，选择工具的时候必须先对其功能进行了解，然后根据具体要求选择合适的工具（主要为软件）。制作不同的体育 CAI 课件，往往需要借助不同的工具。

目前，用于制作体育 CAI 课件的软件很多，并且在功能上各有特色，因此高校体育教师可根据实际情况选择合适的软件。常用的体育 CAI 课件制作软件有 Microsoft Office PowerPoint（以下简称"PowerPoint"）、Adobe Flash（以下简称"Flash"）、Authorware、Adobe Dreamweaver（以下简称"Dreamweaver"）等。

（1）PowerPoint

PowerPoint 是美国微软公司办公自动化软件 Office 家族中的一员，是专门用来制作演示文稿的软件。它主要用于学术交流、产品展示、工作汇报、情况介绍等场合的幻灯片制作和演示，可以通过计算机播放文字、图像、声音等多媒体信息。它是高校体育教师首选的体育 CAI 课件制作工具。

（2）Flash

Flash 是美国 Macromedia 公司（已被 Adobe 公司收购）出品的一款矢量图形编辑和动画创作的专业软件，它是一种交互式动画设计工具，可以将音乐、声效、动画以及富有新意的界面融合在一起，制作出高品质的动态效果。使用 Flash 制作的课件不仅可以单独播放使用，还可以在网页中播放，是使用最广泛的课件制作软件之一。

（3）Authorware

Authorware 是 Macromedia 公司推出的多媒体开发工具，该软件的应用范围涉及教育、娱乐、科学等各个领域。使用 Authorware 制作课件的方法非常直观、明了，使用者无须掌握高深的编程技巧，就能制作出包含文字、声音、图像、动画等多种元素在内的界面华丽、交互性强、控制灵活的课件。

（4）Dreamweaver

Dreamweaver 也是 Macromedia 公司开发的集网页制作和管理网站于一身的网页编辑器。Dreamweaver 特别适合制作具有导航功能的网页式演示课件，Dreamweaver 除了具有制作网页式课件的功能，还能把 PowerPoint、Authorware 和 Flash 等制作的课件集成在一起，但用 Dreamweaver 制作的课件只能在浏览器中演示。

（四）制作体育 CAI 课件的注意事项

高校体育教师在制作体育 CAI 课件之前，应明确课件制作工作的重要性。现阶段，有一些高校体育教师不明白体育 CAI 课件的作用，或过于追求课件中新技术的应用，以致无法制作出优秀的体育 CAI 课件。

在制作体育 CAI 课件的过程中，教师应注意以下几个方面：

1.注重可教性

制作体育 CAI 课件的主要目的是优化体育课堂的教学结构，提升体育课堂的教学效率，在保证促进体育教师教的同时，还要促进学生的学。在制作体育 CAI 课件之前，教师应当认真考虑体育 CAI 课件的价值及其可教性，也就是说，这堂课是否有必要使用体育 CAI 课件以及该如何使用体育 CAI 课件。

2.注重易用性

在制作体育 CAI 课件之前，高校体育教师应着重考虑体育 CAI 课件的易用性。体育 CAI 课件的易用性主要表现为以下几方面：①体育 CAI 课件应该便于安装，且能够随意拷贝到其他硬盘上使用；②体育 CAI 课件的启动速度要快，避免体育教师和学生焦急等待的情况出现；③体育 CAI 课件应该尽可能占据较小的存储空间；④体育 CAI 课件应该具备友好的操作界面，方便教师使用；⑤体育 CAI 课件的运行要稳定。

3.注重艺术性

体育 CAI 课件在保证良好的高校体育教学效果的同时，还应该是令人愉悦的，能将美的享受提供给体育教师与学生。要想使体育 CAI 课件具有艺术性，制作课件的体育教师要具备较高的审美素养与审美能力。

体育 CAI 课件的艺术性主要体现在以下几点：色彩搭配合理、配乐与内容相当、视频流畅自然等。

第二节 微课在高校体育
教学中的应用

一、微课概述

"微时代"是指人们以各种小巧便携的移动终端为载体,通过微博、微信等随时随地了解全球资讯的时代。在教育领域,微课正在开启教育的"微时代"。随着移动通信技术、社交媒体的广泛运用以及以开放、共享为理念的开放教育资源运动的蓬勃发展,微课作为一种重要的教育资源,日益成为教学模式改革的崭新尝试。

(一)微课的概念

什么是微课?不同专家给出的答案并不一致。

华南师范大学教授焦建利认为,微课是以阐释某一知识点为目标、以短小精悍的在线视频为表现形式、以学习或教学应用为目的的在线教学视频。

上海师范大学教授黎加厚认为,微课是在 10 分钟以内,有明确的教学目标、内容短小、集中说明一个问题的小课程。

我国微课创始人之一、正高级教师胡铁生则认为,微课是微型视频网络课程的简称,是以微型教学视频为主要载体,针对某个学科知识点或教学环节而设计开发的一种情景化、支持多种学习方式的在线视频课程资源。

微课又称微型课程、微课程,是指时间控制在 10 分钟之内、有明确的教学目标和主题、内容短小精悍的视频小课程。微课内容"小而精",能够有效解决教与学过程中的重点、难点,以一定的组织关系和独特的呈现方式营造主题式的单元小环境。微课不同于传统单一资源类型的教学课例、教学课件、教学设计等，它是一种相对较新的教学资源，能充分利用移动信息技术，切合信息时代学生的认知特点，让学生自由选择时间和空间对课堂教学内容进行深入学习，并且通过师生在线交流使教与学相互促进，为传统课堂教学提供重要补充，有利于提高教学实效。

（二）微课的组成

微课的核心组成内容是课堂教学视频（课例片段），同时还包含与该教学主题相关的教学设计、课件、教学反思、练习测试及学生反馈、教师点评等，它们以一定的组织关系和呈现方式共同营造一个半结构化、主题式的资源单元应用小环境。

微课有别于传统单一的教学课例、教学课件、教学设计、教学反思等教学资源，是在其基础上继承和发展起来的。

（三）微课的特点

1.时间短

教学视频是微课的核心组成内容。根据学生的认知特点和学习规律，微课的时长一般为5~8分钟，最长不超过10分钟。因此，相对于传统的40或45分钟的一节课来说，微课可以称为课例片段或微课例。

2.内容少

相对于传统课堂，微课的问题聚集，主题突出，更符合教师的教学需要。微课主要是为了突出课堂教学中某个学科知识点（如教学中的重点、难点、疑点内容）的教学，或是反映课堂中某个教学环节、教学主题的教与学活动，相对于传统一节课要完成的教学内容，微课的内容更加精简，因此又可以称为微课堂。

3.资源容量较小

从容量大小上来说，微课视频及配套辅助资源的总容量一般在几十兆左右，视频格式是支持网络在线播放的流媒体格式（如 rm、wmv、flv 等）。师生可流畅地在线观摩，查看教案、课件等辅助资源；也可灵活方便地将其下载保存到终端设备（如平板电脑、手机等）上实现移动学习。

4.资源结构情景化，资源使用方便

微课选取的教学内容一般要求主题突出、指向明确、相对完整。它以教学视频片段为主线统整教学设计（包括教案或学案）、课堂教学使用到的多媒体素材和课件、教师课后的教学反思、学生的反馈意见及学科专家的文字点评等相关教学资源，构成了一个主题鲜明、类型多样、结构紧凑的主题单元资源包，营造了一个真实的微教学资源环境。学生在这种真实、具体、典型的情景中可实现"隐性知识""默会知识"等高阶思维能力的学习并实现教学观念、技能等的提升，教师在这种情景中也能提升课堂教学水平。

5.主题突出、内容具体

一个微课往往只有一个主题，所以主题突出。微课的内容也比较具体，如教学中的某个具体问题。

6.表达容易、多样传播

因为主题突出、内容具体，所以微课的内容往往容易表达。由于课程容量小、用时短，因此微课的传播形式也比较多样。

7.反馈及时、针对性强

由于在较短的时间内集中开展课堂活动，较之平常的听课、评课活动，教师能及时听到他人对自己教学行为的评价，获得反馈信息，即反馈具有及时性。另外，由于微课容量小，所以针对性强。

二、微课在高校体育教学中的具体应用

近年来，微课在国内得到了较好的发展，成为教学的重要手段。一般来讲，在高校体育教学中，微课的应用主要体现在以下几个方面：

（一）微课在学生体育需求调研中的应用

在高校体育教学实践活动正式开始前，体育教师可将微课应用在学生体育需求调研中。高校体育教师可按照课程逻辑将高校体育教学内容中的难点与重点提取出来，同时与现阶段体育栏目与体育热点新闻等相结合，制作体育微课；之后再将已经制作完毕的体育微课利用移动互联网等渠道在学校范围内广泛传播，根据学生的点击率与跟帖评论内容等评定体育课程内容的合理性。将微课应用于学生体育需求调研中，有助于教师了解学生的体育需求，从而有效调动学生体育学习的积极性，使学生由被动学习转变为主动学习，进而提升学生的体育参与度。

（二）微课在体育课程设计中的应用

体育微课不仅弥补了传统高校体育教学模式的不足，还是多媒体时代高校体育教学发展的必然结果。微课的出现，在一定程度上完善了体育课程设计。例如，在设计体育室内理论课的时候，教师可将自己的想法以微课形式呈现出来，然后根据学生、其他教师等的反馈意见，修改自己的体育课程设计；也可根据其他类似微课的播放情况、评价等调整体育课程设计。

（三）微课在体育课程教学中的应用

微课应用在体育课程教学中的情况有许多，下面笔者重点介绍其中两种：
第一，高校体育教师可以根据新课内容、体育热点新闻等设计新课导入微课，并提前发送给学生。这可使学生对新课内容有一定的了解，吸引学生的注意力，激发学生的学习兴趣。

第二，高校体育教师也可将复杂的动作教学制成微课，在上课过程中重复播放，使课堂教学更生动、更直观、更形象、更具体。

（四）微课在体育课后辅导中的应用

一般情况下，高校一节体育课的教学时间为 45 分钟。在有限的教学时间内，教师要想面面俱到地讲授所有内容，实现精细化教学几乎是不可能的。在这种情况下，有些学生难以掌握所学运动技能。当体育课堂教学结束以后，教师可以将包含高校体育教学重点的微课视频发送给学生，以便学生课后复习、练习已学过的技术动作，从而提升学习效果。

第三节　慕课在高校体育
教学中的应用

一、慕课的概念

慕课（MOOC）是"大规模在线开放课程"的简称，是一种将分布在世界各地的授课者和同样分布在世界各地的学习者通过教与学联系起来的大规模线上课程。

其中，"M"代表"Massive"（大规模），指的是课程注册人数多；第二个字母"O"代表"Open"（开放），指的是以兴趣为导向，凡是想学习的都可以进来学,不分国籍,只需一个邮箱,就可注册参与;第三个字母"O"代表"Online"（在线）,指的是时间、空间灵活,7×24 小时全天开放,使用自动化的线上学习评价系统,而且还能利用开放网络互动;第四个字母"C"则代表"Course"（课程）。

二、慕课的主要特征

如今,许多人比较重视体育锻炼,认为只要自己去锻炼了,那么就会有益于自己的健康。然而,需要注意的是,如果用不健康的方式、不正确的姿势进行体育锻炼,往往会对身体造成伤害。通过慕课,每个人都可进行相关课程的学习,以健康的方式、正确的姿势进行体育锻炼。

（一）开放性

开放性是慕课的首要特征,所有人都有利用慕课学习的权利。任何人,只要有上网条件就可以免费选择所需慕课课程进行学习,不附加任何条件。

（二）大规模

大规模是慕课开放性的具体体现。慕课与传统课程不同,不限制注册人数,来自世界各地的学习者都可以自由参与到自己喜爱的课程学习之中。

（三）在线

在线是指学习是在网上完成的,学习者可根据自己的情况,自由安排学习时间。在学习过程中,当学习者在遇到难以解决的问题时,可以进行在线交流,进而找到解决问题的办法。

（四）透明

慕课的设计要以市场的需求为依据，学习者可以通过投票的方式对慕课的教学质量进行评估，所以说，慕课是透明的。慕课在很大程度上体现了以学习者为中心的教育服务理念，强调学习者的学习。这一做法对以教师的课堂讲授为中心的教学模式提出了挑战。传统的课堂教学模式多以教师的讲授为重点，教师对课堂教学活动具有绝对的控制权，学生只能被动地接受教师的指令和讲授的内容，而慕课强调学习者自主学习的权利，这种变化与慕课的本质特征是相互关联的。

三、慕课在高校体育教学中的具体应用

近年来，移动互联网普及率逐年攀升，手机网民数量不断增长。许多人每天都会上网，不管是浏览网页，还是逛网上商城，我们都必须承认，网络在现代人们生活中起着越来越重要的作用，而慕课是"互联网＋教育"的产物。

如今，高速发展的慕课已成为提高教育质量、推进教育公平的重要举措，成为中国高等教育现代化的强大推动力。然而，慕课在高校体育教学方面的应用还不太多。实际上，慕课在高校体育教学方面也是非常适用的。

现阶段，高校体育课的开展形式主要是体育教师进行讲解、示范，之后学生再进行练习。目前，我国高校一节体育课的时间一般是 45 分钟。在高校体育课堂教学中，体育教师会让学生先做一些准备活动，然后进行体育技术动作的讲解与示范，往往给学生留下较少的练习时间。许多学生觉得体育课堂练习时间不够，在课堂上难以完全掌握所学内容。而慕课能很好地解决这一问题。

借助慕课，学生可在课后自行复习所学知识，或根据自己的需求深入学习某部分知识。在高校体育教学中应用慕课，不仅有助于学生学习，还有利于学生自己掌握学习进度。此外，与体育相关的慕课资源是非常丰富的，学生可根

据自己的实际需求选择适合自己的课程。例如，对于一部分学生而言，剧烈的运动不适合他们，他们可在体育相关慕课资源中寻找比较适合自己的运动，从而顺利达到体育锻炼的目的。

高校可安排体育教师录制相关慕课视频。录制高校体育慕课视频，可以是多个教师，也可以是一个教师。高校可对教师录制的多个慕课视频进行挑选，选出针对某一部分内容的优秀视频并将其上传到网上，方便学生们观看、下载、学习。不同教师的讲课风格、方式等有所不同，学生可根据自己的需要选择自己喜欢的慕课视频。将慕课应用在高校体育教学中，可使小班教学得以实现。此外，高校也可安排多个教师录制同一内容的慕课视频，通过学生反馈使体育教师明白自己教学的不足之处，从而提高体育教学质量。

第四节　翻转课堂在高校体育教学中的应用

一、翻转课堂概述

互联网的普及和计算机技术在教育领域的应用，使翻转课堂变得可行。学生可以通过互联网获得优质的教育资源，而不再单纯地依赖授课教师教授的知识。相比传统课堂教学，教师的角色也发生了变化，教师更多的是去理解学生的问题和引导学生运用知识。

（一）翻转课堂的内涵

通常，人们对翻转课堂的解释就是，将传统的课堂学习和课后作业的顺序进行颠倒，即将知识的吸收从课堂上迁移到课外，将知识的内化从课后转移到课堂，学生课前在网络课程资源和线上互动支持下开展个性化自学，课堂上则在教师的引导下通过合作探究、练习巩固、反思总结、自主纠错等方式来实现知识内化。

目前看到的翻转课堂实施结构模型（如图 3-1 所示）出自美国富兰克林学院的罗伯特·塔尔伯特（Robert Talbert）教授，他在"线性代数"等很多课程中应用了翻转课堂并取得了良好的教学效果。这一模型为后续学者、专家进行翻转课堂实施探索提供了基本思路。

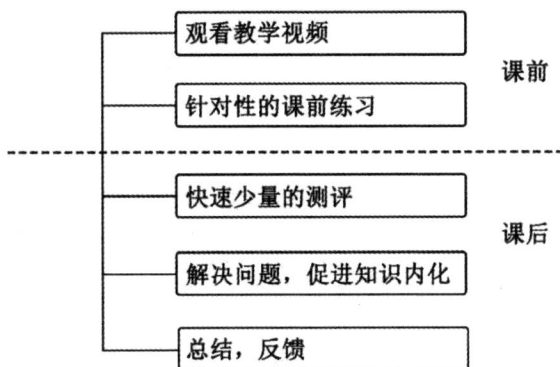

图 3-1　塔尔伯特的翻转课堂实施结构模型

随着教学过程的颠倒，教与学的流程、责任主体、师生角色、课内外任务安排、学习地点和备课方式等方面都发生了明显变化。与传统意义上的课堂教学结构相比，翻转课堂颠覆了人们对课堂的惯性认知，改变了学生的学习流程，从新的角度揭示了课堂的新形式、新含义。有人认为，翻转课堂打破了持续几千年的教学结构，颠覆了人们头脑中对课堂的传统理解，倡导先学后教、以学定教，赋予了学生更多的自主性和选择性，强化了师生之间的沟通与交流，这实质上是一次解放学生学习力的革命。

综上可知，在翻转课堂中，学生在课前或课外观看教师的视频讲解，自主学习，教师不再占用课堂时间来讲授知识，课堂变成老师与学生之间和学生与学生之间互动的场所，包括答疑解惑、合作探究、完成学业等。

（二）翻转课堂的特征

在翻转课堂模式下，教师在课程开始之前可根据教学计划、教学内容、教学重难点等将微视频精心设计和制作出来；学生在课前或课下选择合适的环境自主学习教师制作好的微视频，然后在课堂上与教师、同学一起讨论、交流，解决自学时遇到的疑难问题。在传统教学中，知识的传授往往是在课堂上完成的，教师讲、学生听，最后学生通过做课下作业完成课堂学习。而翻转课堂恰恰相反，翻转课堂主张学生先自学，教师再教授。翻转课堂具有更强的互动性和自主性，更能增强学生的学习效果，提升教学质量和效率。

需要注意的是，翻转课堂与在线视频学习也有所不同，这主要是因为学生看完微视频后，还需要在课堂上和教师一起交流、探讨问题，也就是教师和学生共同完成有意义的学习活动。翻转课堂并不是让微视频直接代替传统课堂，也不是让学生随意进行学习。事实上，作为一种教学手段，翻转课堂增加了师生的交流互动。此外，翻转课堂的内容是能够被永久存档的，即使有学生因为身体等原因无法来上课，他们也可以通过翻转课堂补上自己落下的学习内容；那些基础薄弱的学生也能够随时根据翻转课堂查漏补缺，如此一来，学生对于学习活动就会更加积极主动。

翻转课堂的特征主要有以下几点：

1.先学后教

翻转课堂多采用先学后教的模式。在此模式下，学生要在课程开始之前通过观看教师录制的视频或者是网络教学视频做笔记，完成相关的作业。在课堂上，学生可以将自己在自学过程中遇到的问题以及做作业时遇到的难题告知教师，和教师一起探究并最终解决问题。随着时代的发展和社会的进步，翻转课堂也要进行转型，在不改变"先学后教"顺序的同时融入新的方法和技术。实践证明，以网络微视频为基础的先学后教的翻转课堂教学模式是一种较为成功的教学模式。

与传统的以讲学稿、导学案为基础的先学后教模式相比，网络条件下由微视频主导的翻转课堂教学模式具有以下几个优势：第一，讲解生动。和传统的讲学稿、导学案相比，通过视频来进行讲解必定会更加生动形象，更受学生的欢迎和喜爱。第二，反馈及时。与传统先学后教模式相比，由微视频主导的翻转课堂教学模式能够及时得到学生的反馈，不管是课前学生自学情况的反馈，还是课堂上学生的学习反馈。第三，容易检索和保存。相较于纸质导学案，电子资料更加方便检索和保存，更有利于学生的复习。

2.对教学流程进行重建

翻转课堂最显著的特征就是它颠覆了以往的教学流程，对其进行了重建。教学流程可分成两个阶段：一是信息传递，这一阶段的实现离不开师生之间和生生之间的互动；二是吸收内化，这一阶段往往由学生独立完成。由于课下没有同学的帮助和教师的指导，有些学生常常会在第二阶段由于对知识无法顺利内化吸收而产生深深的挫败感，从而无法获得学习的成就感。翻转课堂的出现彻底改变了教学流程。在课前，学生就已经完成了信息传递，并且学生在自学时能够看到教师的讲解视频，能够得到教师的在线指导；在课堂上，教师会引导学生通过互动完成对知识的吸收和内化，教师通过了解学生的反馈能够给予学生更加有效的辅导，而学生之间的讨论交流无疑也使学生对知识的内化起到了较好的促进作用。

3.加强对课堂的把控

对课堂的把控实际上就是对课堂的控制和调节。在翻转课堂中，课堂上的时间主要用于知识的内化和吸收。如果能够对课堂进行有效调控，课堂氛围就会更加浓厚，课堂学习效率就会更高，学生也就能够更加充分地发挥出创造潜能。例如，在采用了翻转课堂教学模式的体育课堂上，教师更多地成为课堂的组织者、对话者、参与者，而真正的出发点和落脚点则是学生。在课堂上，教师要合理分配好各活动的时间，对课堂节奏有一个较好的把握，始终让学生成为总结发言、讨论交流的中心，让学生成为课堂的主体，让他们通过活动潜移默化地掌握知识和技巧，并且教师要及时评价学生、时刻激励学生，推动课程顺利完成。

4.微课程资源的无限循环

就小范围而言，微课程资源在被上传到网络后更加容易被检索和保存，也更便于学生自学。教师和家长能够共同对学生的自学活动进行督促，让学生通过观看视频完成相关任务及测验；学生也可以从自身实际情况出发对视频进行反复观看，从而查漏补缺。此外，教师也可以借助相关网络平台，及时帮助学生解决问题，了解学生的学习进度和掌握情况，这不仅有利于教师改进微课程资源，也有利于提高学生的学习效率，这无疑极大地推动了教育的进步和发展。

5.重新定位教师与学生角色

传统课堂教学最大的弊端就是容易变成教师的"一言堂"，随着翻转课堂的兴起，这种现象得到了改善，教师从刻板的知识传授者成为学生学习的指导者与促进者。由此，学生的主体地位得以充分体现。学生学习主动性与积极性的发挥是影响学习效果的关键因素。但是，削弱教师的主导作用并不意味着教师在课堂教学中不再重要，而是要求教师转变自身的角色观念，为学生的探究学习、小组学习等提供指导。

除此之外，在翻转课堂推广应用的背景下，教师除了是教育资源的提供者，还是教学视频的设计者与开发者。在学生课前的自学阶段，以视频为主的学习资源的提供至关重要，学生需要通过这些学习资源掌握本堂课的相关知识点；在课堂上，教师为学生答疑解惑，从而加深学生对知识点的理解。

学生原本就是学习的主角，这一观点在翻转课堂教学模式中得到了强化。在课前学生可以根据自身的知识水平、学习能力等调整学习进度，并相对自由地选择学习地点和时间。在课堂上，学生可以通过协作学习、小组学习等进行知识的吸收和内化。此外，在课堂上，有些学生也扮演着知识生产者的角色，那些学习速度较快的学生可以给予其他同学帮助，从而承担一部分教的任务。

不管是课前的自学还是课堂上的交流，其中心都是学生，学生能够自主掌握学习视频的进度，可以将内心的想法和问题与教师和同学进行交流，他们在学习过程中比以往拥有更多的主动权，这是重新构建的和谐师生关系的体现。翻转课堂对重构师生关系较为有利的原因在于，教师让学生自主选择探究题目，并独立完成探究过程，完成知识体系的建构，真正将学生视为学习过程中的主体。

（三）翻转课堂的基本要素

翻转课堂对传统课堂的教学过程进行颠倒，使教学过程从传统的先教授后学习转变为互联网辅助下的先学习后教授，本质上是应用互联网技术，对传统的教学过程进行优化，即优化知识的传授、内化过程。

翻转课堂的基本要素主要有以下几个：

1.学习资源

翻转课堂之所以逐渐流行，并取得广泛认可，与"先学后教"理念支持下充分的前期准备工作是分不开的。翻转课堂的有效实施需要丰富的学习资源支持，这些学习资源可以是学习任务单、微课资源、知识点视频资源、电子课件、电子文档、学习网站、进阶练习和知识地图等。其中，微课资源是翻转课堂常用的学习资源，主要由各种教学视频构成；内容以知识点为单位，聚焦新知识讲解；形式上强调碎片化，便于网络传播与学习。

翻转课堂的学习资源主要用于支持学生课前的自主学习。为了取得更好的自主学习效果，除为学生提供微课资源外，有些教师还常常精心设置学习任务单与微课资源配套使用。学生可在课前自主观看微课资源，完成学习任务单，进行相关知识的学习。学生只有课前完成对微课资源的学习并掌握要求的知识内容，才能在课堂中更好地参与教师设计的教学活动，达到知识内化的目的，真正提高学习效果。

2.教学活动

教学活动是翻转课堂教学模式的核心组成部分，翻转课堂的有效实施需要建立在设计良好的教学活动的基础上。在翻转课堂教学过程中，学生在课前完成新知识的学习，教师在课堂上不用再讲授新知识，这显然给师生的交流及学生的探究留出了更多的课堂时间。如何利用好课堂时间组织教学活动，促进学生知识的内化，是翻转课堂成功实施的关键。课堂教学活动有个人学习活动和小组学习活动两种形式：个人学习活动有小测试、解决实际问题等，小组学习活动有角色扮演、案例研究、小组讨论等。

课堂教学活动通常包括解答学生疑问、讲解重难点、练习巩固、课堂讨论、探究实验等，教师需要根据学科特点和学生的实际情况精心设计课堂活动。在课堂上，良性互动和面对面的有意义的深度学习是最为重要的，如果课堂形式过于单一，如全是练习测试等，则会打击学生的学习积极性。若缺乏有实质产出的活动设计，则师生可能在课堂上备感无聊或无事可做。课堂教学活动的开展对教师的教学能力和综合素养有较高要求，教师在课堂上要时刻注意观察学生，积极发现学生普遍存在的问题，并及时形成解决方案。

在设计课堂教学活动之前，教师要了解学生对课前知识的掌握情况。在此基础上，教师应针对学生自学中遇到的难点进行讲解，进一步巩固学生所学知识，并有针对性地对学生进行辅导。良好的课堂教学活动能帮助学生回顾所学知识，加深对所学知识的理解。通过课堂教学活动，学生能运用所学知识进行讨论、解决实际问题以及创作作品等。因此，设计良好的课堂教学活动不仅有助于学生复习巩固知识，还可以促进学生运用所学内容，将知识内化为能力。

3.学习分析

翻转课堂的教学评价除了应用传统的课堂评价手段，还普遍采用基于在线教学的学习分析技术。

随着商业智能、数据挖掘等技术的发展，学习分析技术应运而生。学习分析技术是一种通过测量、收集、分析和报告关于学习者及其学习情景的数据来了解和优化学习和学习发生情境的技术。简单来说，学习分析技术的作用是通过对教学相关数据的收集，经过分析计算，并按照个体差异对教学进行个性化调整，从而改善教学绩效。教师利用翻转课堂网络教学环境收集大量学生在学习过程中产生的数据，并利用学习分析技术对数据进行解释和分析，可以有效诊断学生在学习中存在的问题，评价学生的学习进展，甚至可以评价学生的批判性思维能力、协作交流能力与问题解决能力等；然后，教师可据此适当调整教学过程。例如，当教师发现某个体育动作视频被学生反复浏览和点击的时候，要意识到这可能是一个对学生来说难以掌握的知识点，或者自己的讲解有问题，需要据此调整教学。

4.支撑环境

翻转课堂的实施需要网络教学环境的支撑，翻转课堂的支撑环境主要由网络教学平台和学生学习终端等组成。其中，网络教学平台要能够实现课前课中互联、师生互动、当堂练习反馈与数据统计分析等功能，这是实现翻转课堂教学的基础环境；学生学习终端要能够支持学生的微课学习、网络交流、互动练习等。翻转课堂的网络支撑环境为师生提供了一个虚拟学习空间，为师生开展与衔接各种课前、课中、课后的活动提供基础。

用于构建翻转课堂网络教学环境的系统，有课程管理系统、学习管理系统和学习内容管理系统。另外，学习活动管理系统也可以用于构建设计、管理和传递网络教学活动的网络支撑平台。学习活动管理系统构建的学习环境支持以学习活动为中心的教学设计，并提供整合教学资源、实施网络教学与评价的相关功能，可以为师生提供一个学习过程图形化、可视化的网络平台。

（四）应用翻转课堂对教师、学生的要求

1.对教师的要求

教师作为培养人的人，在翻转课堂中是引领者的角色。教师要以身作则，转变教学理念，提高信息素养，接受新的挑战。翻转课堂对教师的要求包括以下几点：

（1）转变教学理念

翻转课堂是一种颠覆传统的教学模式。教师从认真学习到积极实施，这中间要积极转变教学理念。教师要把握住翻转课堂的内涵，注意翻转的是知识传授和知识内化这两个环节，并不是简单的课前观看视频，课堂上进行传统教学。在翻转课堂中，教师应转变教学理念，坚持以学生为中心，从学生的反馈出发来组织教学，以学生的问题为切入点，以学生的疑问为教学内容，有的放矢地开展教学。

（2）提高信息素养

翻转课堂实施的每一个环节，从课前视频的制作、学习资源的搜集、PPT（演示文稿）的设计到多媒体教学手段的使用等，都要求教师具有较高的信息素养。

（3）提高教学设计能力

翻转课堂主要从时间和空间上翻转知识传授和知识内化两个阶段，知识传授环节从课堂上挪到了课前，知识内化环节从课后挪到了课堂上。这样，教师不仅要在知识传授环节进行教学设计，更要在知识内化环节进行教学设计。如何将学生的学习反馈整合起来、如何创设情境、如何厘清教学思路将问题贯穿始终等，都是教师要思考的问题。对于教师来说，这比传统课堂的教学设计的要求更高，是更大的挑战。

2.对学生的要求

在传统课堂中，学生多在教师的指导下进行课堂学习。在翻转课堂教学模

式下，在课前，学生可以自由选择学习的时间、地点和学习的进程，甚至可以反复学习某项内容；在课堂上，学生可以提出问题并直接反馈给教师，还可以参与协作学习、讨论探究，主动构建自己的知识体系，成为学习的主动参与者甚至是主导者。相较于传统课堂，翻转课堂更容易让学生获得成就感，有助于学生提高学习的自信心。但是，翻转课堂需要学生转变学习思想，具备自主学习的能力，具备与他人交流的能力，具备信息素养，学会自我管理，这对学生而言也是不小的挑战。

（1）学生需要具备自主学习的能力

传统课堂，多是教师传授知识，学生静坐听讲。而在翻转课堂中，学生要会学。在课前视频学习及讨论交流环节，学生需要在没有教师指导的情况下进行自主学习，将习得的知识融入自己已有的知识体系中，进行有效整合以备使用，这需要学生具备较强的自主学习能力。这种学习能力需要较长时间的引导和培养。因此，翻转课堂教学模式不太适用于基础教育阶段的学生，较适用于具备一定自主学习能力的高校学生。但是部分高校学生由于长期受传统课堂的熏染，自主学习能力仍较低，在翻转课堂教学模式下学习起来较为困难。这也表明，翻转课堂教学模式要求学生具备一定的自主学习能力。

（2）学生需要具备与他人交流的能力

在互动讨论环节里，学生要与他人交流，要为同伴答疑，要条理清晰地摆事实讲道理；当遇到问题时，学生需要用准确的语言描述自己的难处，让教师和同学能够知道问题的关键所在；在小组学习时，学生要能够协调组内成员的关系，必要时还要能够领导他人。总之，翻转课堂教学模式要求学生具备与他人交流的能力。

（3）学生需要具备信息素养

在翻转课堂教学模式下，学生需要具备的信息素养不仅包括使用计算机、网络等进行学习的能力，还包括使用网络进行交流的能力，使用网络进行资源、信息检索的能力，以及使用网络研究、探索新知的能力。随着电子设备的普及，学习也进入智能化时代，学生一般具有一定的信息素养，但是仍有部分学生不熟悉学习软件，较少使用电子设备进行学习，信息素养不高。

（4）学生需要学会自我管理

在翻转课堂中，学生拥有了一定的自主权，可以决定学习时间、学习方式、学习进度等。因此，学生要有一定的自我管理能力，要能合理分配学习和娱乐的时间，选择合适的时间来学习。

（五）翻转课堂的发展

如今，翻转课堂已经成为教学改革的焦点，对现代教学有很大的影响。翻转课堂能够帮助学生培养自主学习的能力，从而提高学习效率。翻转课堂允许学生选择合适的时间和地点来获取他们感兴趣的知识，从而培养学生强烈的学习动机和浓厚的学习兴趣。

翻转课堂在教师和学生之间建立了一种新型的平等友好关系，拉近了师生间的距离，增进了师生间的感情。在翻转课堂上，教师不只是一直站在讲台上的知识传授者，还是学生人生的导师、朋友等，在学习的道路上鼓励学生，在探索知识的道路上指引学生，教师从讲师变成了导师，从讲授者变成了支持者和协助者。翻转课堂还允许教师因材施教，这有助于学生的个性化发展，有助于实现教育的个性化。另外，翻转课堂教学模式的发展还表现在以下几个方面：

1.课程内容更加丰富

翻转课堂教学模式的发展，要求有更多的优质视频课程，这会吸引很多优秀创作者的加入，从而产生更多优秀的视频课程。这些资源和创作者的加入，有助于丰富课程内容。

2.教学方式多元化

随着信息技术的发展，教学互动方式由单一平面视频教学向立体化、数字化教学发展。目前，翻转课堂的教学方式主要为平面视频教学（含直播和录播），相比线下教学，缺少面对面教学的环境体验和学习氛围。随着科技的发展，翻转课堂的教学方式将逐渐多元化。

3.借助大数据技术

将大数据技术应用于教学，有利于翻转课堂的发展。借助大数据技术，一方面可以通过分析学生学习行为轨迹数据，了解学生的学习路径、不同知识点的学习时长、不同时间点的学习效率、课程形式及内容的偏好、重难点掌握情况及互动反馈情况等，进而可以优化课程结构，调整课程时长；另一方面，可将各个学校的信息系统整合起来形成数据仓库，辅助学校进行教学管理，包括课程内容的分类管理、课程来源管理、精品课程应用管理等。此外，其他新技术也将被引用，如智能感知技术等。新技术的引入有利于优化学生的学习体验。

二、翻转课堂在高校体育教学中的价值

如今，翻转课堂在我国已得到一定发展。翻转课堂在高校体育教学中的价值主要有以下几点：

（一）有助于高校体育教学与信息技术的有机结合

当今时代，信息技术飞速发展，学生的生活方式和学习方式发生了极大变化，学生借助手机、电脑等信息化平台进行学习和交流已经成为日常。

翻转课堂作为信息化社会的产物，它使教学与信息技术有机结合，高度迎合了学生的日常习惯，改变了传统课堂，使学生的学习变得更加自然和有趣。高校体育教师通过上传视频、三维动画、PPT等丰富而直观的教学材料，设置系统有序的学习导航，与学生进行在线交流，对学生进行客观在线评价，创建一个有益于学生身心发展的教学环境，从而增进师生之间的情感，激发学生学习的积极性和主动性，也为体育教师有效组织课堂教学活动奠定了基础。

（二）有助于高校体育教学精讲多练的实现

一般情况下，高校体育课堂教学的时间是固定的，学生课堂学习和练习的时间总量是一定的。因此，新知识、新技能的学习耗时过多，学生从事体育练习的时间势必减少。然而，体育练习时间的减少不利于学生掌握体育相关知识、技能。因此，精讲多练符合现代体育课堂教学的要求。在翻转课堂教学模式下，课前，学生通过观看教学视频，对高校体育教学内容有了初步的认知，对体育学习中的难点有了一定的了解，在遇到无法解决的问题时，可以通过在线交流平台及时反映给体育教师，这样教师就会对学生的课前学习情况有所把握；课堂上，体育教师依据学生反映的问题进行针对性极强的讲解或个别指导，不需要讲解所有问题，这样就省去了很多讲解时间，学生在课中进行体育实践的时间就会变多。由此可知，翻转课堂有助于高校体育教学精讲多练的实现。

（三）有助于高校体育教学要素的优化组合

从高校体育教学要素的层面来讲，翻转课堂教学模式同传统的高校体育教学模式之间存在的区别并不是很明显。对于翻转课堂而言，它主要是通过科学合理地重构高校体育教学要素来使高校体育教学的效能实现增值的。通过翻转课堂，教师可合理调整高校体育教学目的、高校体育教学方法与反馈机制，积极创设有助于学生体育学习的良好环境，从质的层面改变高校体育教学的形态与结果。在翻转课堂中，高校体育教学要素的组合并不是固定不变的，而是灵活的。在高校体育教学的实践活动中，教师可根据实际需要，适时调整各教学要素间的组合关系，以保证特定高校体育教学目的的实现。

一般情况下，一个班学生的学习目标是统一的。在翻转课堂中，体育教师可按照学生的具体情况对学生的个体目标进行制定。教师可让学生在线观看高校体育教学视频，让学生按照自己的学习能力来确定高校体育教学视频的观看次数，引导学生按照自己的基础来自主选择观看的内容。在翻转课堂中，通过在线交流平台，学生能够将学习中的问题随时反映给教师，从而获得教师的指导。可见，翻转课堂的应用有助于端正学生的学习态度，激发学生的学习兴趣，提高学生的沟通能力，促进学生的全面发展等。

三、翻转课堂在高校体育教学中的应用策略

（一）做好在线虚拟教学平台的建设

在线虚拟教学平台的搭建，可为翻转课堂的实施创造前提和基础。在线虚拟教学平台主要包括教学内容上传模块、师生交流与答疑模块、在线测试与评价模块、学习跟踪与监控模块以及学习总结与成果展示模块等。通过这一平台，体育教师可以上传与高校体育教学相关的微视频、PPT、各种音频等教学材料，还可以借助这一平台实现作业发布、在线测验、在线交流、在线评价等；学生可以进行学习材料下载或在线学习，并实现同体育教师的及时交流与沟通。

（二）注重评价机制的创新

翻转课堂教学模式下的高校体育教学评价，其评价内容、评价主体、评价标准和评价方法等都应区别于传统教学，否则翻转课堂就会流于形式。翻转课堂教学模式下的高校体育教学评价应坚持"以评促学""以评促教"，注重评价指标的多元化，并将学生的进步程度作为评价的主要指标，这样既有针对性又不失全面性。

（三）注重提高体育教师的综合素养

无论何种教育教学改革，教师综合素养的高低始终是决定改革成败的关键。翻转课堂对体育教师的综合素养提出了较高的要求：体育教师既是在线虚拟教学平台的搭建者、设计者和使用者，又是教学视频等学习资源的开发者和

上传者；既是学生学习与实践的组织者、引导者，又是学生学习成果评价的设计者和评价者；既是学生在线学习情况的监控者和督促者，又是教学设计的完善者。

（四）注重学案的设计与编写

1.学案的设计

学案是指教师依据学生的认知水平、知识经验，为指导学生主动进行知识建构而编制的学习方案。学案实质上是教师用以帮助学生掌握教材内容、沟通学与教的桥梁，也是培养学生自主学习和建构知识能力的一种重要媒介，具有"导读、导听、导思、导做"的作用。

学案对学生的自主学习起着重要的指导作用，体育学案在构成上应当包含以下几个足以支撑学生学习活动开展的因素：

第一，学习目标。学习目标指学生在完成一系列学习活动之后所应当达到的程度。高校体育教师在设计学案时，应当为学生设置具体而明确的学习目标，目标的数量切忌过多，通常设置 2～4 个比较合理。此外，教师需要注意，教学目标的表述不宜用含糊不清的词语，而是要用可观察和衡量的行为动词来描述，要符合学生的认知水平。

第二，学习重难点。教师在设计学案之前，需要明确本节课的具体要求，并对教学内容进行深入分析，然后根据学生的实际学习情况，确定学生学习的重难点。

第三，知识链接。教师要在学案中为学生提供丰富的知识链接，便于学生巩固旧知识，预习新知识。

第四，学法指导。学法指导是学习方法指导的简称，它是指教育者在一定的条件下，通过一定的途径，采取一定的方式对学习者进行学习方法的传授、渗透、指导、训练，使学习者掌握科学的学习方法并能动地运用于自己的学习实践，进而形成自主学习能力的教育行为。它包含两个方面的含义：一是在具体的学习情境中引导学生掌握不同的学习方法；二是引导学生认识具体学习方法的适用范围，使学生能够针对具体的学习内容选择并运用恰当的学习方法。常见的学法指导有讲授式指导、示范式指导、渗透式指导、归纳式指导、对比式指导、矫正式指导、迁移式指导、尝试式指导、问题式指导、结构式指导等。

第五，学习内容。在学案设计的要素中，学习内容是极其重要的，通常包括自主学习、合作学习等内容。学习内容的设计不仅要体现出学案"导读、导听、导思、导做"的作用，而且要对知识进行更深层次的挖掘。

第六，展示提升。展示的根本目的是实现学生能力的提升，而并不是传统意义上的重复讲解与核对答案。关于这一环节的设计，教师必须体现出创新性与互动性，使学生无论是在小组展示还是班级展示中都能够获得提升。

第七，学习小结。学习小结指对本堂课的知识进行归纳总结，目的是加深学生对体育知识、技能的理解与记忆。

第八，达标检测。达标检测的设计要注重考查形式的多样化，难度应当适中，也要有一定的典型性和针对性，起到检测学习成果的作用。在学生完成检测之后，教师应当给予指导。

第九，学习反思。师生在课堂教学中形成的学习反思是重要的教学资源。学案要留有一定空白，使师生能够及时记录反思内容，为以后的复习提供便利。

教师在设计学案时，应注意以下几个方面：

第一，明确教学目标，建立知识结构框架。体育学案设计的目的之一是指导学生的学习，因此学案应当明确教学目标。教学目标应是全面的，除了单一的知识目标，还包括相应的能力目标、德育目标等。

第二，把握知识的重难点，找出最佳切入点。除了基础知识的铺列，学案设计还要注意体现体育知识、技能的重难点，让学生明确本次学习的着力点。同时，教师要发挥辅助者的作用，为学生攻克重难点知识提供相应的方法，引导他们通过发散性思维分析问题的症结，并在个人努力与通力合作中解决问题。

第三，设计问题，培养学生运用体育相关知识、技能的能力。在学生基本掌握体育相关知识、技能后，教师需要培养他们运用体育相关知识、技能的能力，而设计问题是一个很好的方法。具体而言，教师应以学习内容为依据，以学生的学习能力为参考，以启发学生的思考为目的，设计实用性问题，而学生解决问题的过程就是运用知识的过程，这自然有助于学生知识应用能力的培养。

第四，通过练习，及时自查和巩固学习效果。练习是学案设计的最后一个环节，也是学案设计不可或缺的一部分。这是因为学生在系统学习体育相关知识、技能后，必须通过检验才能得知学习效果。在学案中，练习题的设计一方面可以让学生明确自己的学习情况；另一方面能让教师根据学生的自查结果，对学生开展有针对性的指导，从而提高学生的学习效果。

2.学案的编写

翻转课堂学案的编写，要以学生的有效学习为中心。通常，高校体育翻转课堂学案的编写主要有以下几个要求：

（1）帮助学生梳理知识体系

首先，教师应充分理解知识体系和知识结构；其次，对不同层次的学生提出不同的学习要求；最后，把握学生获取知识的全过程，寻找培养学生思维和能力的关键点。

（2）为学生提供适宜的学习方法和学习策略

体育学案的编写，要求教师在教学过程中实现由关注自身如何教向关注学生如何学的转变。学案是教师教学的依据和学生掌握学习方式和知识体系的重要载体，因此学案应当具有较强的指导性和预见性，使学生能够在学案指导下积极地进行思考，实现"学会"与"会学"两者的有机统一。

（3）注重学生个性发展与全面发展的统一

每个学生都是一个独立的个体，在学习能力和知识水平上存在不同程度的差异。因此，教师在编写体育学案时应当充分考虑这一点，以满足不同层次学生的学习需求。需要注意的是，学案并不是僵化的、一成不变的，在使用过程中，教师可根据现实的教学需求，结合个人的思考和理解，对学案进行个性化加工，从而发挥出学案的最大价值。

第四章　高校体育教学的新发展

第一节　拓展训练与高校体育教学

一、拓展训练概述

（一）拓展训练的概念

拓展训练是指相关专业机构针对团队现状设计相应的培训课程。拓展训练通常利用崇山峻岭、大河大川等自然环境，通过精心设计的活动达到"磨炼意志、陶冶情操、完善人格、熔炼团队"，增加受训者快乐能量的目的。

拓展训练是一种体验式教学模式，主要以自然环境为依据，以闯关挑战、游戏活动等为核心手段，借助人的智力、运动能力、团队合作能力来促进训练任务的完成。拓展训练起源于 20 世纪初，最初应用在企业培训管理、军事培训等方面，近年来在教育领域得到广泛应用，成为高校组织落实体育教学、学生素质培养的关键举措。

（二）拓展训练的特点

拓展训练的特点主要有以下几点：

1. 难度大

在拓展训练过程中，有许多难度比较大的训练科目是为适应学生心理、身体素质而设计的。例如，水中拓展训练适合游泳技能十分熟练的学生，可以让其极限能力以及身体潜能得到激发，使其全面突破自身极限，克服存在的心理障碍。

2.独立自主性

教师在拓展训练任务布置结束之后，提前告知学生具体的训练规则、流程，训练时不给学生提示，让其在训练过程中独立思考和摸索，锻炼其行动能力和探究能力。

3.团队合作性

教师在组织实施拓展训练的过程中，将学生划分成多个小组，以小组为单位。小组成员拥有共同的学习目标，可以提升学生的团队协作能力和团队意识。

二、在高校体育教学中开展拓展训练的必要性

在高校体育教学中开展拓展训练，有助于打破传统的以教为主的教学模式，更好地满足素质教育与高校体育课程改革的要求。

拓展训练可让学生在参与活动的过程中学到知识、领悟道理，通过亲身体验来挖掘自己的潜能，形成积极进取的人生态度与互助合作的团队精神。拓展训练在学生心理健康、社会适应能力等方面的培养上发挥着重要的作用。

在高校体育教学中开展拓展训练是必要的，这体现在以下几个方面：

（一）拓展训练符合高校体育课程改革的发展趋势

2002 年，教育部印发的《全国普通高等学校体育课程教学指导纲要》明确指出："为实现体育课程目标，应使课堂教学与课外、校外的体育活动有机结合，学校与社会紧密联系。要把有目的、有计划、有组织的课外体育锻炼、校外（社会、野外）活动、运动训练等纳入体育课程，形成课内外、校内外有机

联系的课程结构。""充分利用课外时间和节假日，开展家庭体育、社区体育、体育夏（冬）令营、体育节、郊游等各种体育活动，开发课外和校外体育资源。""充分利用空气、阳光、水、江、河、湖、海、沙滩、田野、森林、山地、草原、雪原、荒原等条件，开展野外生存、生活方面的教学与训练，开发自然环境资源。"

由此可知，拓展训练符合高校体育课程改革的发展趋势。

（二）拓展训练有助于素质教育的实施

当今世界，科技日新月异，知识经济迅猛发展，而国与国之间在经济和科技上的差距说到底是人才素质的差距。只有全面推进素质教育，打造大批一流的人才，才能为全面建设社会主义现代化国家奠定坚实的基础。全面实施素质教育是贯彻党的教育方针的根本要求。"培养什么人，怎样培养人"是教育中带有全局性和方向性的重要问题，教育的核心任务就是要坚持德育为先、能力为重、全面发展，真正把提高学生素质、促进学生健康成长作为学校一切工作的出发点和落脚点，关心每个学生，促进每个学生主动、全面地发展。

有的高校体育教师通过拓展训练，给学生合理布置任务，能够充分发挥学生的主体地位，让学生在完成任务的过程中获得不错的体验。例如，有的高校体育教师组织学生体验"盲人方阵"项目。在训练过程中，所有学生先戴好眼罩，并在 40 分钟内把教师给的绳子围成一个面积最大的正方形，所有学生相对均匀地分布在这个正方形的四边。整个活动只靠学生的感觉以及相互之间的配合。该项目培养学生在非常状态下的沟通能力、合作能力和决断能力等。这样的拓展训练有助于发挥学生的主动性和能动性，有助于素质教育的实施。

三、在高校体育教学中开展拓展训练的措施

（一）改变教育教学观念，推进体育教学开展

如今，高校可以基于拓展训练要求，引入"以人为本、素质教育"的观念，合理推进体育教学改革。教师要树立"以人为本"的观念，实现全方位提高学生身心素质的目标；要坚持"以人为本"的观念，充分尊重学生、关怀学生，发掘与掌握学生体育层面的潜能。教师要树立素质教育价值观念，在教学中应注重学生的主体地位，帮助学生构建"与时俱进"的发展意识，促进学生身心素质的全面发展，不断提升学生的创造性、积极性。

（二）改革教学内容，拓展教学范围

拓展训练是一套十分成熟、完整的教育体系，并不是高校体育教师结合体育课堂随意地为学生安排户外体育项目。教师可依托高校师资力量、场地设备、财力资源等，根据体育教学的具体情况开展拓展训练。

高校体育教学可分为理论与实践两部分。教师可将两者有机整合，在讲解拓展训练相关知识点的基础上，引领学生进行拓展训练，逐步拓展与丰富教学范围。例如，以场地拓展训练项目为主，以每一节课 2 学时为前提条件，选择与高校体育课程相配合的项目，如引入创新能力发展建设课，选择"排列组合"项目；或引入团队建设课，在团队理论知识传递基础上，选择"无轨电车""信任背摔"等项目提升教学效果，从而提高学生的综合素质。

（三）优化教学形式，改善教学环境

优化教学形式，有助于提升学生体育学习的兴趣和课堂参与度。教师可结合学生现有的能力水平和知识状态，把学生划分成水平相近的小组，对不同小组使用不同的教学形式，使学生得以全面发展，让学生获取更多技能知识。

高校应注意改善教学环境，如开发校内场地，建设校内训练基地，对场地、设施等进行改进，不断提升设施现代化水平以及安全系数，依托设施选用拓展训练活动，提升拓展训练效率与质量。

除在校内由专职教师引领学生实施拓展训练，也可在校外借助户外培训基地，由经验丰富的户外运动指导人员针对学生具体情况进行拓展训练。此外，高校教师也可打造特色课外活动，在展现户外教学优势特征的基础上，让学生的兴趣、自信心得到激发，全方位提高学生的学习效率，也让校内、校外环境空间得到高效利用，提高教学活动的趣味性、个性化水平。

（四）完善教学评价体系

基于拓展训练的体育教学与武术、体操、足球、篮球、排球等各类常规体育教学有一定区别，拓展训练重点关注学生的创新能力、团队交流合作能力、心理适应能力等，除了重视学生学习成绩，还应注重学生具有的多重潜力。对此，必须结合体育教学情况，构建拓展训练评价体系，不断扩展评价范围、开发评价途径。

完善教学评价体系，应注重学生考核评价指标的多元化、多样化。教师可从多个层面考查拓展训练过程中学生的实践能力、理论能力、心理适应能力、应变能力、团队协作交流能力、创新创造能力等，从而全面考查学生的综合素质。

此外，教师还可根据学生的实际情况，结合学生的心理状态等方面的区别，实施针对性、个性化的评价。教师在拓展训练过程中，应尽量选择使用鼓励性、激励性话语表扬、肯定学生的表现，使学生参与拓展训练的积极主动性不断提升，也让高校体育教学效果得到提升。

（五）建设优秀师资队伍，为教学活动提供支撑

在组织开展拓展训练过程中，教师不仅需要确保学生在训练活动开始前了

解活动规则，还需要保证学生的安全，让学生能够全身心参与到体育活动中，这就要求教师具有较强的教学能力。对此，高校在体育教学改革背景下，应做好师资队伍建设。高校应根据体育教学实际要求，积极引进能够开展拓展训练活动的教师，并给予其恰当的薪资待遇，让其全身心投入到拓展训练中。同时，高校要结合教学改革要求，定期针对校内教师展开培训，邀请专家传授拓展训练技能技术、体育教学方法，不断提升教师的综合素质、专业水平，培养一支能力强、水平高的体育教师队伍。

高校依托拓展训练理念改革体育教学，符合高校体育教学需求，可以提高体育教学水平，助推学生身心全面发展。高校应将拓展训练与体育教学深度整合，改革优化体育教学理念，丰富体育教学内容，完善体育教学形式，创建良好的拓展训练环境，组建优秀教师团队，让学生积极主动地参与到体育实践活动中，形成良好的体育锻炼意识。

第二节　休闲体育与高校体育教学

随着人们生活水平的不断提高，人们对身体健康的关注程度也越来越高。体育运动是深受人们喜爱的一种运动方式，在强健体魄的同时，还能使人保持良好的心理状态，减轻压力。

一、休闲体育简介

休闲体育是指人们以积极的生活态度在闲暇时间所进行的体育活动，以此来丰富文娱生活，发展人的志趣、才能和个性。如今，我国人民的物质生活水平不断提升，精神文化生活也更加丰富多彩，休闲体育逐渐成为人们日常生活中不可缺少的内容。

随着高校教育、教学改革的深化和素质教育的全面开展，大学生用于学业学习的时间逐年减少，而能够自由支配的时间逐年增加，这就给休闲体育提供了广阔的空间。发展休闲体育也成了高校教育事业的重要组成部分。

笔者认为，休闲体育更注重精神的愉悦与放松，注重个人的心理体验，弱化了活动的组织形式、专业程度。休闲体育与体育教育和竞技体育相比，生活的气息更加浓厚，它是人们生活化的体育。

二、在高校体育教学中开展休闲体育面临的问题

传统体育侧重竞技和竞赛，但休闲体育更注重个体健康、身心平衡和全面发展。高校设置休闲体育课程可以为学生提供多元的锻炼选择，不仅促进了学生的体能发展，还培养了他们的团队合作、社会交往和问题解决能力。此外，休闲体育教学有助于减轻学生的学业压力，提高学生的心理健康水平，为他们提供一种积极的生活方式，将体育融入日常生活中。总之，高校休闲体育教学不仅有助于学生的身体健康，还有助于其综合素质的提高。

在高校体育教学中开展休闲体育面临的问题主要有以下几个：

（一）时间安排不科学

在许多高校，休闲体育课程通常被视为不太重要的课程，因此学生在休闲体育课程上面花费的时间较少。有些高校将休闲体育课程安排在固定的时间段，无法满足学生多样化的日程安排，许多学生可能会因其他课程、社交活动等无法参加某一特定时间的体育课程。因此，不科学的时间安排限制了学生的选择和参与度，导致休闲体育在高校体育教学中的应用效果不佳。

此外，休闲体育活动的时间不足。有些高校只安排了有限的休闲体育课程，或者将休闲体育活动限制在固定的时间段内，难以满足学生的体育锻炼需求，导致学生对休闲体育的兴趣降低。

（二）教学资源不足

休闲体育活动通常需要适当的场地和设备，如游泳池、健身房等。然而，部分高校的体育设施有限，无法满足学生的需求。休闲体育课程需要专业的指导教师和教练，以确保学生能够安全、有效地进行体育锻炼。然而，一些高校缺乏足够的教育工作人员和合格的教练，休闲体育教学的质量不稳定。

还有的高校教材和教学资源不足。休闲体育课程需要合适的教材和教学资源，以帮助学生理解相关概念和技能。然而，一些高校可能缺少适当的教材或者缺乏在线学习资源，且课程更新不及时。这些都会限制教师的教学效果，阻碍学生的学习进步。

（三）学生缺乏兴趣

一些高校过于注重传统体育项目，如足球、篮球和排球等，而忽略了休闲体育活动，这使得对休闲体育项目不感兴趣的学生缺乏学习动力。此外，一些休闲体育课程缺乏创新和挑战性，导致学生难以产生兴趣。

学生缺乏兴趣可能与课程安排和时间冲突有关。高校学生通常面临繁重的学业和社交压力，时间有限，如果休闲体育课程的时间安排与其他学业或社交活动冲突，许多学生可能会选择放弃体育锻炼以满足其他方面的需求。这种时间冲突不仅降低了学生的参与度，还减弱了他们对休闲体育的兴趣。

（四）教师缺乏相关培训

一方面，有些高校体育教师不太了解休闲体育领域的知识、教学方法等，难以提供专业的休闲体育指导和教育；另一方面，高校体育教师培训多偏向体能、技能方面，较少涉及休闲体育相关知识。总之，许多高校体育教师缺乏休闲体育相关的培训。

三、在高校体育教学中开展休闲体育的策略

（一）转变观念，切实提高师生对休闲体育的认知水平

高校应转变体育教学观念，引导教师和学生充分认识和了解休闲体育，为在高校体育教学中开展休闲体育教学奠定深厚的认知基础，进而使学生更加积极主动地参与到休闲体育活动中，促进学生身心健康发展与高校体育教学发展。

（二）双管齐下，切实构建课内外休闲体育教学体系

高校体育教学主要包括课内教学与课外教学两种形式。高校要切实推进体育教学中休闲体育的发展，就必须双管齐下，切实构建课内课外相结合的休闲体育教学体系，比如：加强体育师资队伍建设，引导高校体育教师不断学习和掌握具有先进性和前沿性的教育教学内容与方法；鼓励教师积极将新的知识与内容融入课堂实践之中，真正做到理论与实践相结合；积极开展高校课外心理素质拓展训练、野外体育活动等教学课程，通过休闲式的体育教学模式，丰富休闲体育教学的内容与形式。

（三）积极营造有利于休闲体育开展的良好氛围

高校要结合自身实际，积极有效地建立和完善体育社团、体育俱乐部、体育兴趣提高班等各类体育文化组织，使其成为学生参与休闲体育活动的重要平台。

首先，高校应积极鼓励和开展各类课余休闲体育活动，从而有效促进校园

体育文化氛围的形成与发展。

其次，高校应不断完善自身的组织领导体系，逐渐形成自上而下的休闲体育运动风气。

最后，高校还应根据自身条件与学校发展的实际需要，不断加强对于休闲体育运动的资金投入，从而为完善休闲体育场地设施，营造良好校园休闲体育氛围奠定良好的物质基础。

在高校体育教学中开展休闲体育，符合当前的时代特征，也符合"健康第一"的指导思想，不仅有利于学生身心素质的提升，更有利于我国全民健身事业的发展；不仅对于培养学生社会规范意识具有积极推动作用，而且对于我国精神文明建设具有重要的推动作用。

第五章　运动训练概述

第一节　运动训练的概念、任务
及构成要素

一、运动训练的概念

所有能产生机能和形态适应使机体发生变化从而提高身体机能的身体负荷都称为训练。从某种程度上来说，任何一种有组织的旨在快速提高人的身体、心理或运动能力的活动都可称为训练。

在体育范畴里，运动训练一般是指运动员为取得好的运动成绩所做的准备。运动训练这一概念有广义和狭义之分：狭义的运动训练是指借助身体负荷所进行的身体、技术、心理和道德等方面的准备；广义的运动训练是指运动员为夺取较好和最好运动成绩所做的有计划的准备的全过程。

总的来说，运动训练是指运动员根据科学方法，有计划地、系统地为提高竞技能力、夺取某一运动项目的较好和最好成绩而努力奋斗的全过程。

二、运动训练的任务

运动训练有助于运动员的全面成长。运动训练对人的身体、心理和智力等有一定的要求，也会锻炼人的运动能力、技巧和素质。运动训练对年轻一代具有重大意义，是增强其体质的有效形式之一。

　　一般情况下，运动成绩主要取决于竞技能力和竞技准备。竞技能力有赖于运动员的身体能力、技术和战术的熟练性、智力以及知识和经验。竞技准备指运动员对体育活动以及训练和比赛所持的态度，以及在竞技能力上对参加竞技活动所做的准备，主要包括动机（其中社会动机必须在所有动机因素中居核心地位）、意愿以及其他个性素质。

　　概括来说，运动训练的任务主要包括以下几个方面：

　　第一，提高运动员的专项运动技能水平，使之达到高度熟练和运用自如的程度。另外，还要提高运动员的比赛能力和对外界各种环境的适应能力以及应变能力。

　　第二，依照专项需要改善运动员的身体形态，提高其各器官机能、基本运动素质与专项运动素质；还要提升运动员的健康水平，帮助其预防和治疗运动伤病。

　　第三，培养运动员优秀的心理素质和坚韧不拔、吃苦耐劳的精神，以及勇敢顽强的意志品质，还要调节运动员的心理状态。

　　第四，要对运动员进行思想政治教育，培养运动员的爱国热情，促使运动员养成文明礼貌的行为习惯和优良的运动道德作风。

　　第五，使运动员掌握运动医务监督、运动营养等理论知识，培养运动员自我训练和自我保健的能力。

三、运动训练的构成要素

　　运动训练是一个教育过程，提高运动员的竞技能力和运动成绩是其目的所在，需要教练和运动员的积极参与和配合。运动训练的构成要素主要包括训练时间、训练形式、训练负荷、训练强度、训练密度等。

（一）训练时间

要保证运动训练的效果，在通常情况下，一次运动训练应保持 20～30 分钟。以肌肉耐力与力量训练为例，训练时间与训练中的重复次数成正比。对于一般运动员来说，在阻力充足的条件下，全力以赴地练习 8～12 次，可以在发展肌肉耐力的同时，使力量也得到一定程度的训练。当运动员有了一定进步后，每种抗阻力的训练应重复 2～3 组。人的身体不会因为一次运动就变得更健康，无论是肌肉、体脂肪还是神经反应、心肺功能等，都需要 1～6 周甚至更长时间的持续运动才有可能改善。一般而言，在运动后的 24～48 小时，人的生理状况会比运动前要差。经过一段时间的休息与恢复后，身体才会开始适应运动后的生理变化，变得比运动前更好。因此，在进行训练时，教练需要懂得把控训练的强度及恢复的时间。

（二）训练形式

运动训练的训练形式，即练习形式。运动员要想提高自身的有氧耐力，可进行慢速跑步、越野跑、骑自行车、游泳、划船等周期性运动；要开展柔韧素质训练，可选择器械上的练习（如平衡木、跳马等），也可以利用外部阻力（如同伴的助力、负重）进行练习，或者利用自身的助力或自身体重进行练习（如在吊环或单杠上做悬垂等）。在选择练习形式时，教练应遵循科学训练的原则。例如，为了增强运动员的心肺功能，教练应让其做提高心肺功能的练习。

（三）训练负荷

运动负荷是以身体练习为基本手段，对运动员施加的训练刺激，是运动员在承受一定的外部刺激时，生理和心理方面所表现出来的应答反应程度。一般情况下，教练可以通过对训练负荷等诸因素的控制，选择合适的训练方法，进而利用训练方法有针对性地提高运动员的某种体能素质水平。在运动训练过程中，从每一次训练到全年训练、多年训练，教练都要安排适宜的训练负荷，科学地控制负荷的动态变化。训练负荷大小的评定可参考训练的次（组）数、距离、时间、重量、速度、难度，以及训练时人的心率、血压、血乳酸、血红蛋白等指标。

（四）训练强度

合理安排训练强度是运动训练中需要重点考虑的问题。有很多方式可以用来衡量训练强度，如心跳频率、耗氧量等。例如，衡量力量素质的训练强度，通常以不造成训练后隔夜的疲劳及不适感为主。在通常情况下，训练强度会根据运动训练形式的变化而发生改变。

训练强度可定义为与功率输出（即能量消耗或单位时间内做的功）、对抗力量或发展速度有关的训练要素。根据这个定义可知，运动员在单位时间内做功越多，训练强度则越大。训练时的心理紧张程度对训练强度有极大影响。就训练的心理方面而言，人在训练时如果处于紧张状态，也会造成训练强度的提高。

训练强度的量化方式根据训练类型和运动项目而定。速度训练通常用米/秒、次/分等来进行量化评定。在抗阻训练中，训练强度一般以千克为单位，以克服重力每米举起的重量（千克/米）或功率输出（瓦特）来量化。

全年训练计划的各个阶段，有不同的训练强度，教练可以采用多种方法来量化和确定训练强度。例如，抗阻练习或高速度练习的训练强度可用最佳运动成绩的百分比来量化，这是因为对于此类运动训练，最佳成绩意味着最大运动强度。再比如，一名运动员在 10 秒内完成 100 米冲刺，其速度则是 10 米/秒。如果这名运动员能以更快的速度跑完更短的距离，其训练强度则被认为超过最大强度，因为它已经超越了 100% 的最快速度。

高强度训练虽然能使人取得很大的进步，但产生的适应较不稳定，易使人过度训练，也会使人难以突破平台期。相反，低强度训练往往使人进步缓慢，但生理适应的刺激较小，且整个过程比较稳定。训练计划应该系统地改变训练量及训练强度，以使人达到最佳生理适应状态。

训练强度可划分为两种类型：绝对训练强度和相对训练强度。绝对训练强度是指完成训练所需的最大百分比；相对训练强度是用来量化一节训练课或一个小周期的训练强度，即训练期完成的训练量总和及绝对训练强度。

传统的运动训练通常采取高训练量、低训练强度的原则。但实际的训练情况与比赛结果表明，长期进行高训练量、低强度的训练容易使运动员产生神经系统和肌肉疲劳，从而降低训练效果。在大量的低强度训练中，运动员极易疲劳，难以发挥个人潜能。一个人若想取得好的运动成绩，就必须抛弃高训练量、低训练强度的训练方式，而采用高强度、高负荷的训练方式。

（五）训练密度

训练密度是单位时间内运动员接受训练的频率。训练密度可表现出单位时间内训练与恢复的关系。因此训练密度越大，训练阶段间的恢复时间就越少。随着训练密度的增加，运动员和教练必须建立训练与休息的平衡，从而避免过度疲劳。

量化多次训练课所需的最佳时间量非常困难，因为许多因素会影响运动员的恢复速度。训练课的负荷（即训练强度和训练量）越大，所需的恢复时间就越长。此外，运动员的训练状况、实际年龄、使用的营养干预及恢复干预等都会影响运动员的恢复能力。在下一次训练开始之前，若运动员未从上一次训练课中恢复，教练可运用不同负荷的训练来促进其恢复。

训练时间、训练强度、训练密度等都会影响训练中运动员的总需求。虽然这些因素相辅相成，但加强其中任何一种因素而不调整其他因素，都可能增加运动员的需求。比如，在增加训练量时，教练必须考虑怎样增加训练量才不会影响训练强度。

第二节　运动训练的原则

　　运动训练原则，是运动训练过程的客观规律的反映。遵循训练原则，就是遵循训练过程的客观规律；违背训练原则就是违背训练过程的客观规律。要想进行科学的运动训练，就必须遵循相应原则。

　　运动训练的原则主要有以下几个：

一、全面发展原则

　　遵循全面发展原则，就是在发展专项运动技能的前提下，根据专项的特点、运动员的训练水平和不同训练过程的目的和任务，全面优化、设计和最大限度地发展运动员的各项运动素质。

　　在运动训练过程中，构成训练水平的身体训练水平、技术训练水平、战术训练水平、智能训练水平和心理训练水平是相互联系、相互促进和相互制约的，并始终处于一种动态平衡状态。某一水平的提高会对其他水平提出新要求，这会打破原有的平衡状态，继而建立起新的平衡状态，从而提高原有的训练水平。相反，如果某一水平没有得到应有的发展和提高，甚至出现衰退，那么其他方面的水平也就难以得到进一步发展，训练水平会呈整体性下降。运动训练就是要促使这五个方面的水平不断提高。不同的项目对竞技能力有着不同的要求，当代高水平运动员都在努力保持和提高专项竞技能力的同时，朝着整体和全面提高竞技能力的方向发展。

　　人的各器官、系统及其机能之间有着密切的联系，它们之间既相互促进，又相互制约。而运动员所表现出的运动成绩是机体各器官、系统、机能综合作用的结果。若长期对某一器官系统进行单一的训练，则会造成机体能力发展的不平衡，从而会阻碍人运动成绩的提高。

运动训练的累积效应、相对稳定性等是形成竞技能力长期训练适应性结果的必然条件。因此可以说，全面贯彻运动训练的基本规律是全面训练取得良好结果的必然条件。

二、一般训练与专项训练相结合的原则

遵循一般训练与专项训练相结合的原则，就是指在运动训练过程中，要根据运动项目的特点、运动员的水平、阶段任务等，合理安排一般训练与专项训练的比重。

一般训练和专项训练在内容、手段以及所起的作用等方面是不同的，但其目的是一致的，都是为了提高运动员的运动成绩。对青少年运动员来说，在训练的基础阶段，忽视一般训练、过多进行专项训练，对今后的发展是不利的。教练应根据运动员的水平等，在训练过程的不同时期和阶段，恰当地安排好一般训练与专项训练的比重。

三、周期性原则

运动训练应遵循周期性原则。一个运动训练周期往往由准备期、竞赛期和休整期三个相互紧密衔接的时期组成。不同时期，任务、内容、负荷的安排、手段等方面不同。

遵循周期性原则，就是在运动训练过程中按一定的训练节奏，并按周而复始、循环往复和逐步提高要求的方式安排训练。根据现代运动训练的实践，训练过程的周期是按时间跨度进行分类的，通常分为多年周期、大周期、中周期、小周期等。

各运动项目对运动员的能力有不同的要求，而且赛季的安排也不尽相同，如体能类耐力性项目，运动员训练、比赛都要消耗巨大的体能，并且需要的恢复时间也较长，因而全年大周期就相对较少；而一些技能类表现性项目和对抗性项目，尤其是球类，相对来说竞赛安排较多，赛季也长，全年训练大周期就多一些。

四、区别对待原则

区别对待原则是指对于不同专项的运动员，教练应根据他们的训练状态、训练任务及训练条件的差异，优化训练过程，有区别地选择相应的训练内容，以及符合个体特点的训练负荷。

贯彻区别对待原则，要综合考虑多方面的因素，这是由运动训练过程本身所具有的多样性和多变性特点决定的。

概括来说，这些因素主要有以下几点：

（一）运动本身

实践表明，在一些运动项目上，运动员在年龄较小时即可达到比较高的竞技水平，如体操、跳水等运动项目；但有些项目的发展规律决定了运动员通常在较大的年龄时才可以达到最佳竞技状态，如耐力性运动项目。

（二）训练对象

不同的运动员，其运动水平、需求等往往有所不同。在贯彻区别对待原则时，要综合考虑这些因素。

（三）训练条件

教练必须考虑训练所处的时期和阶段，了解不同时期与阶段不同运动员的不同特点，以便在训练时据此提出不同的要求。而场地、气候、同伴、环境等也是贯彻区别对待原则所必须考虑的因素。

第三节　运动训练的方法

运动训练可采用的方法有很多，具体要根据实际情况和需要进行有针对性的选用，以达到最佳的训练效果。常见的运动训练方法有以下几种：

一、分解训练法

分解训练法指将完整的技术动作或战术配合过程合理地分成若干个环节或部分，然后按环节或部分分别进行训练的方法。在需要集中精力完成专门训练任务、对主要技术动作和战术配合环节的训练进行加强时，适合采用分解训练法进行训练，这样可使训练取得更好的效果。分解训练法有其适用范围，主要适用于技术动作或战术配合过程较为复杂、可分解，且运用完整训练法又不易使运动员直接掌握的情况，或者在技术动作、战术配合的某些环节，需要较为细致的专门训练的情况。

单纯分解训练法、递进分解训练法、顺进分解训练法、逆进分解训练法是四种较为常见的分解训练法。

二、完整训练法

完整训练法指的是从技术动作或战术配合的开始到结束，不分部分和环节，完整地进行练习的训练方法。完整训练法的运用可以帮助运动员完整地掌握技术动作或战术配合，并有效地保持技术动作或战术配合的完整结构和各个部分之间的内在联系。完整训练法适用范围较广，可用于单一动作的训练，也可用于多元动作的训练；既可用于个人成套动作的训练，也可用于集体配合动作的训练。当将完整训练法用于不同的情况时，需要根据具体情况适当调整。

三、持续训练法

持续训练法是指负荷强度较低、负荷时间较长、无间断地连续进行练习的训练方法。在练习时，平均心率应在每分钟 130～170 次。持续训练主要用于训练负荷强度不高但过程细致的技术动作，可使机体运动机能在较长时间的负荷刺激下产生稳定的适应，同时使内脏器官产生适应性的变化；可提高有氧代谢系统供能能力及该供能状态下有氧运动的强度；可为进一步提高无氧代谢能力及无氧工作强度奠定坚实的基础。

根据训练时持续时间的长短，持续训练法可分为短时间持续训练法、中等时间持续训练法、长时间持续训练法三种类型。

四、间歇训练法

间歇训练法是指对多次练习的间歇时间做出严格规定，在机体处于不完全恢复状态时反复进行练习的训练方法。在严格的间歇训练过程中，运动员的心脏功能能够得到显著增强。通过调节运动训练负荷强度，运动员可提高身体机能与有关运动项目的匹配程度。通过不同类型的间歇训练，运动员可以有效提高糖酵解代谢供能能力（或磷酸盐与糖酵解混合代谢供能能力、糖酵解与有氧代谢混合供能能力、有氧代谢供能能力）。通过对间歇时间的严格控制，运动员可以在激烈对抗和复杂困难的比赛环境中更加稳定地做出技术动作。较高负荷心率的刺激，有利于机体抗乳酸能力的提高，从而保证运动员在较高强度训练的情况下仍具有持续运动的能力。

高强性间歇训练法、强化性间歇训练法和发展性间歇训练法是间歇训练法的三种基本类型。

五、变换训练法

变换训练法是在综合考虑实际比赛过程的复杂性、对抗程度的激烈性、运动技术的变异性、运动战术的变化性、运动能力的多样性及中枢神经系统的灵活性等的情况下提出的。所谓变换训练法，是指对运动训练负荷、训练内容、训练形式及训练条件进行变换，以使运动员的积极性、趣味性、适应性及应变能力得到不断提高的训练方法。通过运动训练负荷的变化，运动员能够产生与有关运动项目相匹配的适应性变化，从而提高自己在进行专项比赛时承受不同运动训练负荷的能力。通过变换训练内容，运动员的训练更加系统，自身的运动素质、运动技术和运动战术得到协调发展，从而提高自身比赛需要的多种运动能力和应变能力。

依据变换内容的不同，变换训练法可分为形式变换训练法、内容变换训练法和负荷变换训练法三种类型。

六、重复训练法

重复训练法指的是多次重复同一练习，并在两次（组）练习之间安排相对充分的休息时间的训练方法。采用重复训练法，多次重复同一动作或同组动作，不断强化运动条件反射，有利于运动员掌握技术动作。通过相对稳定的负荷强度的多次刺激，运动员能尽快产生较高的适应性，从而提高身体素质。单次（组）练习的负荷量、负荷强度及每两次（组）练习之间的休息时间是构成重复训练法的主要因素。静止、肌肉按摩和散步是运动员通常采用的休息方式。

依据单次练习时间的长短，重复训练法可分为短时间重复训练法、中等时间重复训练法和长时间重复训练法三种类型。

七、循环训练法

循环训练法指的是根据训练的具体任务，将练习手段设置为若干个练习站，运动员按照既定顺序和路线依次完成每站的练习任务的训练方法。运用循环训练法可使运动员的训练情绪得到有效激发，并且使负荷痕迹得以累积、不同体位得到交替刺激。每站的练习内容、每站的运动训练负荷、练习站的安排顺序、练习站之间的间歇、每站循环之间的间歇、练习的站数与循环练习的组数是循环训练法的构成因素。运用循环训练法可以使不同层次和水平运动员的训练情绪和积极性得到有效提高；可以使运动训练过程的练习密度得到加强；可以随时根据具体情况因人制宜地加以调整，做到区别对待；可以防止局部负担过重，延缓疲劳的产生，对全面的身体训练非常有利。在实践中，循环训练法中有"站"和"段"的说法。其中，"站"指的是练习点，如果一个循环内的练习站中有若干个练习点以一种无间歇方式衔接，那么这几个练习点的集合可称为练习"段"。"站"和"段"是在安排循环练习的顺序时应该考虑的。

以各组练习之间间歇的负荷特征为依据，循环训练法可分为循环重复训练法、循环间歇训练法和循环持续训练法三种类型。

八、比赛训练法

比赛训练法指的是在近似、模拟或真实、严格的比赛条件下，按比赛的规则和方式进行训练的方法。比赛训练法的提出有一定的依据，包括人类先天的竞争和表现意识、竞技能力形成过程的基本规律和适应原理、现代竞技运动的比赛规则等因素。要想全面而综合地提高运动员专项比赛所需要的体能、技术能力、战术能力、心理承受能力和运动智能等，就可以运用比赛训练法。

教学性比赛训练法、模拟性比赛训练法、检查性比赛训练法和适应性比赛训练法是较为常见的四种比赛训练法的类型。

九、综合训练法

综合训练法是指把重复训练法、循环训练法、变换训练法等结合起来运用，或者在一组训练中安排技术训练、灵敏训练、力量训练等内容的训练方法。一般情况下，训练实践不可能只使用一种训练法，而是综合运用多种训练法来灵活调节运动员的训练负荷与休息，使其达到训练要求，从而提高运动员的运动素质和运动水平。综合训练法的方式众多、组合多样，可以根据运动员的性别、年龄、身体状况、锻炼水平等进行适当调整。

随着现代科学技术的进步，运动训练方法不断推陈出新。目前，社会各界有识之士非常重视训练法，不断尝试新的训练法。现代运动训练更加注重训练的实效性和技术上的完善，从而使运动员不断突破极限，在比赛中不断取得突破。

第六章 高校体育体能训练

第一节 高校体育体能训练概述

一、体能和体能训练的基本认知

从宏观上看，在地球漫长的地质运动和气候条件变化中，生命从原始的有机分子演化成各具形态、功能的无数物种，只有人类有幸进化为高级生物。按达尔文的进化学说，是因为人类适应了环境的变化，这种适应使人类为自己积聚了巨大的体能，并利用环境在地球上生息、繁衍。人们把这种"身体对自然界的适应能力"称为体能。它可以从不同的方面加以解释：从生活方面而言，体能是积极适应生活的身体能力、工作能力或抵抗疾病的能力；从结构方面而言，体能包括形态、机能、运动等适应能力。对此，拉森（Larson）提出了体能的十大因素：防卫能力、肌力能力、肌爆发力、柔软性、速度、敏捷性、协同性、平衡性、技巧性、心肺耐力。

从微观上看，作为一种客观的实践活动，体育运动是由动作组成的，动作是运动过程中最基本的结构单位，所有的动作必须由一定的肌肉活动参与才能完成。生理学揭示，肌肉收缩与舒张的本质在于极为复杂的肌动蛋白和肌球蛋白之间的滑行，肌肉的收缩和舒张都需要消耗能量，于是人们就把这种伴随着积极的能量消耗的完成身体活动的肌肉运动称为体能，其主要表现为力量、速度、耐力等身体素质。

从体育活动本身看，体育活动是人的各个方面参与并完成活动的结果，也就是说，是人的身体方面、心理方面、社会方面参与了作为体育现象的人的活动，其中人的身体方面的能力就称为体能。

从运动训练的角度看，运动训练的根本目的在于不断提高竞技能力，它是运动员能否在运动竞赛中取得优异运动成绩的关键因素，是由运动员的身体形态、机能、素质、技术、战术、心理和运动智力所决定的。体能是通过运动员的形态特征、各生理系统的机能及运动素质表现出来的。20世纪80年代，田麦久提出了运动项目的分类方法，以竞技能力中的主导因素作为划分标准，把运动项目分为体能类运动项目和技能类运动项目两大部分。对前者而言，体能就成了运动成绩的决定因素。

通过以上论述我们基本可以认定如下事实：第一，从体能的源头看，它是以人体器官系统的形态结构和机能为基础的；第二，从表现机制看，体能主要是通过身体素质来表现出来的。北京体育大学研究生刘庆山在其博士学位论文《体能训练基本理论与我国高水平篮球运动员体能训练研究》中对"体能"这一概念的新定义如下："体能即身体能力，是指人体形态结构和各器官系统的机能积极适应运动训练、比赛及日常生活需要的能力。"在竞技运动中，运动员的体能主要表现为各项身体素质。这个定义与前文所提到的体能定义相比，其创新性主要体现在以下几方面：第一，它表明了体能在本质上是身体适应工作需要的能力，运动员的体能也就是运动员身体形态和机能适应训练与比赛需要的能力。由于每个项目对运动员身体的要求都是多方面的，因此体能是身体适应运动需要的综合能力，评价一名运动员体能水平的高低要综合考虑其所从事的运动项目对身体的需要。第二，这个定义明确表达了体能的物质基础在于人体的形态结构和各器官系统的机能。其中，人体的形态结构不仅包括肢体的长度、围度和充实度，还包括内脏等器官系统的形态结构；各器官系统的机能除了取决于器官系统的功能之外，还与体内的物资储备等因素密切相关。在运动中，身体形态和机能适应运动需要的能力主要是通过身体素质表现出来的。

第三，该定义中用了"积极"两个字，表明了体能在适应运动需要的过程中并不仅仅是被动地适应，而是包含着主观意志的努力。第四，这个定义还明确表明了体能作为身体适应运动需要的能力，其大小应是动态的、相对的，因为体能总是相对工作需要而言的，是通过具体的运动过程表现出来的。

体能训练是旨在发展运动员体能的训练，也就是运用科学的运动负荷刺激等手段，促使运动员的身体形态和机能产生适应性变化，以提高机体适应运动需要能力的训练。在"体能训练"一词被广泛运用以前，我国训练理论界多用"身体素质（或身体）训练"的概念。用"体能训练"代替"身体素质（或身体）训练"并不仅仅是因为体能的概念可以比身体素质的概念涵盖更加全面的内容，还因为它反映了我国训练理论认识的一种深化，反映了一种理论的导向。尽管"体能训练"与"身体素质（或身体）训练"在训练的内容和手段上没有实质性的差异，但仔细分析两个概念可知，二者在价值取向上是有明显差别的。身体素质是体能的综合表现，因此从某种意义上说，体能与身体素质又是"本"与"标"的关系。体能是"本"，身体素质是体能的重要表现指标。"身体素质（或身体）训练"一词往往会使教练员在训练实践中过多地关注"标"的提高，而忽视对"本"的改造，对指标提高的盲目追求也常常会导致过度训练的情况；"体能训练"的概念首先关注的是对运动员身体形态和机能等"本"的完善，使之更能适应专项运动的需要，而身体素质的提高是对"本"完善的必然结果。用"体能训练"代替"身体素质（或身体）训练"在一定程度上体现了训练理论的人本主义进步。

二、体能训练的重要意义

体能训练是现代运动训练的有机组成部分，也是运动训练中的基础训练。现代运动训练是由体能训练、技术训练、战术训练和心理训练所构成的完整的训练体系。从体能的构成角度看，体能训练应包括对身体形态结构的塑造、对生理机能的提高及身体素质训练等几方面的内容。但这并不等于在体能训练实践中要把这几个方面的内容进行单独训练，因为人体是一个有机的整体，体能的各组成部分也是相互影响、相互制约、不可分割的。身体素质是机体神经系统的调节机能、身体形态结构、生理机能、能量物质储备和代谢，以及各种化学酶活性的集中表现，所以体能训练常常以提高运动员身体素质的练习为主要训练内容。通过提高与运动员专项运动成绩密切相关的力量、速度、耐力、柔韧性、灵敏度等运动素质，可达到深刻影响和促进运动员身体形态、生理机能和意志品质的目的。

体能是人体各器官系统的机能在体育活动中表现出来的基本能力，主要包括力量、速度、灵敏度、耐力和柔韧性等基本身体素质。体能是所有竞技项目的根基，发挥着不可替代的支撑作用。在现在的竞技体育项目中，激烈的身体对抗、长时间的耐久能力、技术运用的快节奏变化、技战术的稳定发挥及对比赛的控制能力，无不体现着体能的重要性。

在当代竞技体育比赛项目中，要想克敌制胜，单单靠先进的技战术是远远不够的。在日趋激烈的比赛条件下，运动员除了具备良好的战术素养，还要具备充沛的体能储备。在现代的竞技比赛中，决定比赛胜负的往往不是运动员的技术和战术，而是体能。尤其是在高水平的运动员之间，棋逢对手，谁能坚持到最后谁就能赢得比赛。这是其他如最大摄氧量、血红蛋白含量、无氧阈、血清睾酮含量、皮质醇含量等生理指标所不能准确反映的，必须看运动员的实战能力，而具备这些指标只是一个参考，因为这些指标和实战中的情况还是有很大差距的。

众所周知，竞技体育是以提高运动成绩、夺取比赛胜利为主要目的的一种社会性体育活动，而比赛的胜负主要取决于运动成绩，运动成绩的提高又主要取决于体能训练，当然也不能否认其他因素。因此，我们认为，体能训练是竞技体育得以发展的重要手段，是针对运动员的身体形态、身体机能和运动素质所组织的，是使运动员承受大负荷、高强度训练以及保持良好的比赛心理状态和预防伤病、延长运动寿命的一种有计划的过程。它包括一般体能训练和专项体能训练。体能的提高有利于运动员掌握复杂、先进的技术，进而提高运动成绩。现代竞技运动的一个重要特征是要求运动员掌握先进的技术，不断提高运动技术水平。因此，作为竞技运动能力主要因素的力量、速度、耐力、柔韧性、灵敏度等身体素质的发展水平，对先进技术的掌握和运动成绩的提高起着决定作用。有人曾就体能与运动技术、战术及成绩的关系做过这样形象的比喻：运动成绩犹如高楼大厦，技术、战术则似构筑高楼大厦的钢筋水泥，而体能如同高楼的地基。盖楼房首先要打牢地基，若地基不牢，钢筋水泥就竖不起来，高楼大厦也就成了空中楼阁。实践已经证明，不同运动项目对运动员的身体素质有着不同的要求。只有体能提高了，才有可能发展技术水平。

体能的提高有利于承受大负荷训练和高强度比赛。现代竞技运动技术水平不断提高，比赛次数也逐年增加。运动员若要不断地提高运动成绩，就必须进行大负荷的运动训练。然而，只有良好的体能水平才能保证机体适应大负荷训练的需要，否则训练后疲劳不易恢复，会损伤机体的健康，影响训练效果。目前，运动员的体能水平和大负荷训练与高强度比赛之间的关系已受到极大重视，如我国足球队采用的体能测验就充分说明了这一点。

体能的提高有利于运动员在训练比赛中保持稳定、良好的心理状态。大量的事实已经表明，运动员在运动训练比赛中具有稳定、良好的心理素质是获得成功和制胜的重要因素，而充足的体能是形成稳定和良好心理状态的基础。例如，自信是运动员必备的一种心理素质，运动员在训练比赛中缺乏信心，就不可能获得成功，取得胜利。自信和机体的能力相互联系，只有具备了良好的体能、健康的体魄，才能精力充沛，形成良好的自我感觉，并具有成功的信心。

体能的提高有利于预防伤病、延长运动员的运动寿命。优异的运动成绩是建立在体能高度发展的基础上的，机体能力发展水平越高，其衰退速度就越慢，保持的时间也就越长。这样，专项技术、战术发挥与保持的时间相应地就会更长，运动水平衰退速度也就更慢，运动员就能更长久地保持高水平的竞技运动能力。如果运动员的体能水平与技术水平不能适应，运动寿命就会大大降低。同样，如果体能水平没有得到高度发展，那么机体能力保持的时间将会减少，衰退速度将会加快，也会直接影响到运动水平的发展与保持。

三、体能训练的内容与形式

（一）体能训练的内容

体能训练的目的是使人体形态和机能产生生物学的适应性改变，从而促进运动素质的全面发展，提高训练者的专项运动技术水平与参赛能力。因此，体能训练的内容涉及一般体能训练与专项体能训练。

1.一般体能训练

一般体能训练即我们常说的基础性体能训练，是指在训练过程中，运用多种身体练习方法与手段，用负荷来提升人体各器官和系统的机能，促使力量、耐力、速度、灵敏度、协调性和柔韧性等身体素质得到均衡发展，以增进身体健康，改善身体形态，提高各器官和系统机能，改善一般心理品质，为专项运动素质的提高打下坚实基础。

2.专项体能训练

专项体能训练是指与专项运动紧密结合的各种练习方法与手段，即在训练过程中，采用直接提高专项运动素质的专门性体能练习，以提高专项运动所需要的各器官和系统的机能，最大限度地发展专项运动素质，并掌握其理论知识和技能，改善运动专项所需要的心理品质，以保证专项技术和技能的有效运用，从而创造优异成绩的训练。例如，乒乓球的专项步伐训练、体操或跳水的倒立支撑训练等都属于专项体能训练的内容。

3.一般体能训练与专项体能训练的关系

一般体能训练是专项体能训练的基础，并为专项运动素质的提高创造必要的条件；专项体能训练是一般体能训练的延伸和提高，是提高各项运动技术和技能的特殊需要，并直接为创造优异的专项运动成绩服务。

随着专项运动素质的不断提高，对一般体能训练所提供的基础及专项体能训练的要求也随之改变，以适应专项运动技术水平提高后的要求。一般体能训练和专项体能训练的总体目标是一致的，在体能训练实践中往往难以完全分开。

（二）体能训练的形式

体能训练要突出对人体形态结构的塑造，对各器官和机能系统的超负荷适应训练，还要与人体生长发育的阶段性特点相适应，并与专项运动相结合，旨在促使身体形态、身体机能和心理素质方面产生适应性变化。我国学者王兴和司虎克认为，体能训练有快速运动能力、持续快速运动能力、快速反应能力、抗负荷能力四种表现形式。

1.快速运动能力

快速运动能力是指人体在无氧供能系统发挥作用的时间内快速完成动作的能力，包括快速单项运动能力和快速复合运动能力。

快速单项运动能力是人体完成单一运动特征动作的能力，包括走动、移动、跑动、摆腿、踢腿、跳跃、伸展、挥臂、投掷及其他能力等。体育教师可将体育竞赛中表现出的复杂动作分解为若干相对独立的单一动作，让学生通过单一动作的系统训练，最终实现提高学生体育竞赛实践中需要的复杂动作能力的目的。

快速复合运动能力是人体连续完成多个单一运动特征的能力，包括走＋跑、起动＋移动、折返移动＋跑、各种方向跑＋跳跃、移动＋伸展、移动＋跳跃、移动＋挥臂、跑步＋投掷、移动＋跑动＋跳跃、移动＋跳跃＋挥臂移动＋

跑动＋挥臂等。体育教师可将体育竞赛中需要运用的复杂动作分解为若干个由多个单一动作组合在一起的复合动作，并对学生实施系统的复合动作训练，提高其在体育竞赛实践中所需的复杂动作能力或专项运动能力。

2.持续快速运动能力

持续快速运动能力是指除无氧供能系统之外，人体在其他供能系统发挥作用的时间内快速完成动作的能力，可分为持续快速单项运动能力和持续快速复合运动能力两种类型。

3.快速反应能力

快速反应能力是指人体在短时间内，对已获得信息做出应答反应的能力，分为快速起动能力和快速应变能力。反应速度是指有机体神经系统反射通路的传导时间，反应速度越快，时间越短，则快速反应能力越强。提高人体对各种信号刺激的快速应答能力有助于各器官和系统产生适应性变化。

4.抗负荷能力

抗负荷能力是指在施加外来负荷的情况下，学生所表现出的单项运动能力与复合运动能力，包括抗负荷单项运动能力和抗负荷复合运动能力。

人体各器官和系统在长期的人为施加条件的刺激下，在形态结构方面会产生相应的定向改造，在整体上表现为身体素质和运动能力的提高。

综上所述，只有了解了体能训练的表现形式，才能很好地解决体能训练中练什么的问题。体育运动与竞赛所需要的速度、力量、耐力、协调性、灵敏性和柔韧性等素质的提高是通过改善人体的能量代谢，神经、肌肉、骨骼等系统的功能，并使之符合运动项目的需求来实现的。任何一个运动项目对能量代谢以及神经、肌肉、骨骼等系统的功能都有着特定的要求，因此体能训练中首先要明确人体在运动与竞赛中的活动方式，并据此提出提高运动项目所需要的能量代谢能力，优化并改善能加强人体的神经、骨骼和肌肉等系统功能的办法，力求促使人体的身体形态和机能状况适应运动项目的要求。

四、高校体育教学中体能训练的实施策略

（一）区别对待，因材施教

由于大学生的身体素质和体育基础各不相同，因此在体能训练的内容和方法上也应该区别对待。这就要求体育教师在设计体能训练时要依据每个大学生的实际状况，划分水平一致的体能训练小组，为他们量身定制训练方法，因材施教。比如，体育教师可以大学生的体育基础为分组依据，并结合大学生的身体素质将其划分为体能训练发展小组和培优小组，依据两个小组成员的不同基础，为他们设计出针对性较强的训练方法与内容，确保每个学生在体能训练的过程中都可以取得一定进步，并且能收获成功、培养信心，充分激起大学生的参与积极性，体现以人为本的训练理念。

（二）增加体能训练的新颖性

传统的高校体能训练大都采用跑步、蛙跳等生硬的训练方法，难以调动大学生的训练积极性，无法吸引大学生全身心地投入体能训练，不利于训练效果的提高。针对这种情况，体育教师应该大胆创新体能训练方法，将一些能够调动大学生训练积极性的训练方法应用到训练过程中，借助新颖的训练形式来提高大学生的训练热情，从而达到最理想的体能训练效果。

（三）构建科学的体能评价体系

大学生的体能评价作为一个动态、连续的过程，受身体素质和心理发展等多种因素的影响，所以大学生的体能评价也应该是一个动态的过程。由于大学生的体能素质存在较大的发展空间，因此在评价大学生的体能时，教师应该考虑到他们在生理机能、身体素质及心理素质等指标上的个体差异，综合采用阶段性评价及跟踪评价相结合的方法。阶段性评价作为一种静态评价，能对大学

生体能所达到的水平予以事实判断，所以该评价具有一定的局限性；而跟踪评价作为一种动态评价，更能够体现大学生的体能状况。多种评价方式的结合，可以对大学生的体能状况进行全面、客观的评价。

（四）重视体育场馆设施建设

高校体育场馆设施不足也是造成大学生体能下降的重要因素，各高校体育主管部门既要高效利用现有体育场馆与设施，提高场馆设施的利用率，最大限度地为大学生提供体育活动场所，充分利用丰富多样的体育设施，构建良好的体育锻炼环境，又要积极转变观念，加大专项经费投入并进行合理规划。

（五）课内外相结合

各高校需积极开展课外体育活动，在项目设置方面要尽可能地满足大学生的实际需求，开展对活动场地设施要求不高的运动项目，在突出重点的基础上，尽可能地丰富活动内容，注重发展大学生的体能素质。大学生思维活跃，在踏入社会之前，对有意义的活动有着强烈的参与意识，而校园俱乐部作为一种校园体育组织，是体育爱好者参与体育活动的良好形式。各高校可尝试成立各种项目的体育俱乐部，体育俱乐部在业务方面给予指导，由大学生自己组织比赛，以此激发大学生的体育兴趣，培养大学生的体育意识，发展大学生的体能，进而有益于大学生的身心健康发展。

（六）提升体育教师的综合素质

体育教师作为体能训练的组织者和引导者，其专业能力直接影响着体能训练的效果。因此，如果要进一步提高高校大学生体能训练效果，就要提升体育教师的责任感，强化其主动学习意识，丰富体能训练的知识与技能，积极把新颖的训练理念应用于教学活动中，把握合适的强度，进行有效的监督，制定科学的计划，以取得理想的训练效果；同时，体育教师还应掌握与体能训练相关的运动生理学和运动心理学知识，并把安全理念贯穿教学过程始终，以保障体能训练的安全有效。

第二节　力量训练

一、力量素质的基本认知

（一）力量素质的概念

人体在任何运动中都离不开肌肉的收缩力量，它会维持人体的基础运动能力。力量在人体中可以分为内力和外力。内力是人体神经肌肉系统活动时，对抗和克服外力的能力；外力是因外阻力而引起的力，如克服重力、摩擦力的能力等。

力量是身体素质的一种。所谓的力量素质，就是人体获得身体某部分肌肉在工作时克服阻力的能力。在人体参加运动时，所指的力量素质是肌肉力量，即机体在完成动作时肌肉收缩对抗阻力的能力。力量素质主要是通过肌肉的工作形式表现出来的，如肌肉在工作时要克服的阻力有内部阻力和外部阻力两种。外部阻力包括摩擦力、物体重力、空气阻力等，内部阻力是指肌肉间的对抗力、肌肉的黏滞性等。决定肌肉力量大小的因素主要有完成动作时肌肉群收缩的合力、肌肉群收缩的协调能力和骨杠杆的机械力等。

从上述内容中可以看出，力量源于肌肉。正常成年男女的肌肉占体重百分比如下：男性约为 43.5%，女性约为 35%。而经常参加力量型运动项目的男子肌肉占体重的百分比可达 45% 以上。因此，力量是提高运动能力的基础，力量素质是衡量运动训练水平的重要指标之一。

（二）力量素质的基础

力量素质的基础主要是指影响力量发展的因素。力量素质的发展主要受肌肉的横断面积、单位横断面积肌纤维的密度、收缩肌纤维的数量和速度、肌纤维兴奋的同步化效率、神经肌纤维的传导速度、不同类型肌纤维协作的效率及肌肉收缩前的肌纤维的初长度等因素的影响。

1.神经过程强度与效率

肌肉活动受神经系统的支配，每块肌肉都具有一定数量的由神经纤维末梢与肌纤维相连并组成的运动单位。通常肌肉中的运动单位不是同时全部导致肌肉收缩的，而是在神经系统的支配下，部分、有序地调节肌肉活动。但是，在运动训练和比赛中，肌力能随着神经过程强度的增大而提高。这时，神经强度越高，神经系统向肌肉发出的神经冲动和频率就越强，肌肉中被动用的运动单位就越多，所产生的收缩力就越大。

2.肌纤维的类型

肌纤维一般可以划分为快肌纤维、慢肌纤维和中间肌纤维三大类。快肌纤维具有收缩速度快、收缩力量强等特点，是力量素质表现的主要物质基础。快肌纤维数量多、直径大，往往表现出的力量素质水平就高。快肌纤维的数量多少受遗传因素的影响，但是，通过有效的力量训练可以引起肌纤维选择性肥大，从而提高力量素质。

3.肌纤维初长度效应

在适宜范围内，肌肉在收缩前伸展到一定长度后，就会迅速发生缩短收缩，有助于在收缩时产生较大的肌力，这是肌肉的初长度对收缩力的效应影响。在一定范围内，当肌肉收缩张力的峰值随着初长度的增加而达到最高值时，肌肉的初长度就是最佳适宜长度，而当肌肉被拉到最佳适宜长度后，其转入收缩的过程越快，产生的收缩力就越强。

（三）力量素质的意义

1.力量素质是运动的基础

人们所参加的各种运动项目都是通过主动运动器官带动被动运动器官进行工作完成的，主动运动器官以肌肉为主，被动运动器官主要是骨骼，肌肉通过各种不同的负荷强度、收缩速度、持续时间来带动骨骼进行移动，从而完成运动动作。如果没有肌肉的收缩和舒张产生的力量牵拉骨骼进行运动，人连基本的行走和直立也无法做到，更不要说完成运动技术动作了。人要想跳得高就必须发展自己的弹跳素质，人要想跑得快就必须有很好的脚步后蹬力，因此力量素质是人体最基本的身体素质。

2.力量素质促进其他素质的发展

任何身体素质都是通过肌肉的不同工作方式来体现的，力量是所有素质的基础。力量素质对速度素质的提高、耐力素质的增长、柔韧素质的发挥和灵敏素质的表现具有决定性的作用。肌肉的快速收缩是以提高力量素质为前提的。力量素质的提高有助于耐力素质的增长，因为从生活常识中可以得知，一个强有力的人总比体弱者能持续活动更长的时间。在提高力量、速度时，肌肉的弹性会相应增加，从而促进柔韧素质和灵敏素质的发展。

3.力量素质的水平直接影响运动水平

力量素质的增长对运动水平的提高有着直接的影响，它直接反映了运动技术掌握的快慢及运动成绩提高的程度。一些运动项目中的高难度动作都是以一定的肌肉力量为基础的。在很多运动项目中，力量和爆发力是决定运动成绩的重要因素，如田径运动等。除长跑的主要影响因素为耐力之外，其他运动项目的高水平运动成绩几乎都与力量素质的发挥紧密相关，在投掷项目中更是如此。

4.力量素质是衡量运动训练水平的重要指标

在运动训练实践过程中，力量素质是判断运动训练水平的一项重要指标。

我们既可以通过运动员的力量素质判断其运动潜力，又可以将其作为运动选材的依据之一。例如，在对体操运动员进行运动训练水平判断和选拔时，其在完成各种技术动作的过程中，虽然要借助外力的作用，但是其自身的协调用力也起着非常重要的作用。因此，对力量素质的发展必须给予足够的重视，尤其是速度力量，往往成为选拔运动员的重要指标。另外，在一些球类运动中，突然的起动跑、跳跃、传球等都要求运动员具备良好的爆发性力量。例如，在选拔篮球运动员和判断其运动训练水平时，力量素质的测评非常重要。

二、力量训练的分类

（一）最大力量训练

1.最大力量的决定因素

运动员的最大力量主要受到肌肉的体积、支配肌肉的意志能力、肌肉内部和肌肉之间的协调性影响。运动员只有具备一定的肌肉体积，才能快速有效地挖掘力量的潜力。通过有针对性的练习手段进行训练，快肌纤维和慢肌纤维的横断面都能得到增长。一般人用意志可以调节自己最大力量的40%左右，经过系统力量训练的运动员，在有压力的情况下比没有压力的情况下能多产生10%的力量。改善运动员用意志调节肌肉活动的能力对于提高运动成绩具有重要意义，特别是对以相对力量决定成绩的跳高项目更为重要。通过改进肌肉内部和肌肉之间的协调性来发展最大力量，与肌肉体积的增大没有关系。因此，可以采用以动力性为主的专门练习手段提高肌纤维同步工作的效率，改善参与工作的肌肉协调性。

2.发展最大力量的要素

（1）肌肉的工作方式

运动员在发展最大力量时，一般采用以肌肉克制性和退让性的动力性工作方式为主、以等长收缩的静力性工作方式为辅的方式。

（2）阻力的大小

克服较大阻力是提高最大力量的主要途径。若通过增大肌肉的体积来发展肌肉的最大力量，采用的练习强度为极限重量的 50%～80%；若通过提高用意志支配肌肉活动的能力来发展肌肉的最大力量，采用的练习强度为极限重量的 85%～100%；若通过改善肌肉内部和肌肉之间的协调性来发展肌肉的最大力量，负重的范围比较大，改善肌肉内部的协调性采用的练习强度为极限重量或次极限重量，改善肌肉之间协调性的练习强度为极限重量的 50%～70%。

（3）练习的动作速度

无论采用何种方式发展最大力量，都应该采用中等或偏慢的动作速度进行练习。练习的动作速度过快会使练习的效果朝速度力量方向发展。若通过改善神经调节机制来发展肌肉最大力量，当每个动作的时间为 1.5～2.5 秒时练习效果最佳。

（4）完成每组训练的时间

通过改善肌肉内部协调性来发展肌肉的最大力量训练，每组练习的重复次数为 2～6 次，每组的练习时间为 3～15 秒；通过改善肌肉之间的协调性来发展肌肉的最大力量训练，每组练习重复次数为 15～20 次，每组练习时间为 30～50 秒；若通过增大肌肉体积来发展肌肉的最大力量训练，每组练习重复次数为 8～12 次，每组练习时间为 25～40 秒。

（5）组间休息时间

无论采用何种方式发展肌肉最大力量，都应该保证运动员非乳酸能源和机体工作能力得到充分恢复。发展最大力量训练组间的休息时间一般为 3～5分钟。

（6）练习的组数

发展最大力量的练习组数应根据练习的性质和方法来定。一般来说，通过改善肌肉内部协调性和肌肉之间的协调性来发展最大力量的训练，重复的练习组数为 3～6 组；通过增大肌肉体积来发展最大力量的训练，重复的练习组数为 5～8 组。

3.发展最大力量的方法

（1）重复法

重复法适用于各个训练时期，主要任务是加强新陈代谢、活跃营养过程、改善协调性、提高肌肉力量。它的特点是负重的大小随着肌肉力量的增加而逐渐增加，重复的次数范围在刚好还能坚持最后一次重复。

（2）强度法

强度法适用于提高意志调节肌肉活动的能力来发展最大力量。其主要特点是负荷大，练习时逐渐达到极限用力，然后继续使用相对体力而言的中上强度的负荷量，直到肌肉对这种刺激产生劣性反应为止。

（3）保加利亚训练法

保加利亚训练法突出强度，每次训练都要求接近、达到甚至超过本人最高水平。例如，从 85%～90% 的强度开始逐渐增加重量，直到当天最大重量，然后减少 10 千克做 2 组训练，再减少 10 千克做 2 组训练。

（4）极限法

极限法主要用于通过改善神经肌肉协调性和增大肌肉体积来发展最大力量。一次训练的量如下：强度为 50%～75%，每组重复次数为 10～12 次，完成 3～5 组，组间休息 3～5 分钟。

（5）静力性训练法

静力性训练法能全面、迅速增大肌肉体积，是提高力量素质的好方法。静力性力量练习可以发展静力性最大力量和静力性耐力，对提高最大力量有积极的作用。

（二）速度力量训练

1.速度力量的决定因素

运动员速度力量水平主要受最大力量和肌肉收缩的速度影响。所以，运动员的速度力量能力取决于最大力量能力和肌肉快速收缩的能力。

2.速度力量训练的基础

（1）肌肉的工作方式

发展速度力量主要采用动力性的工作方式，包括克制性、退让性的等长和超长的工作方式。

（2）阻力的大小

练习的阻力根据练习的性质而定，可以在较大的范围内波动。对于提高克服大阻力运动项目所需的速度力量，一般采用最大力量的 50%～80%的负荷；对于提高克服较小阻力的运动项目所需的速度力量，一般采用最大力量的 25%～40%的负荷。

（3）练习的动作速度

若用于提高克服较小阻力运动项目所需的速度力量，一般采用极限速度进行练习；若用于发展克服较大阻力运动项目所需的爆发力，一般采用次极限速度进行练习。

（4）完成动作的时间

每个练习持续的时间应在不降低动作速度或不出现疲劳的状态下完成练习，具体持续时间的长短主要取决于练习的性质、阻力的大小、运动员已有的训练水平和练习的结构。

（5）练习的组数

一次训练练习的组数应根据练习的性质和阻力的大小来定。

（6）组间休息时间

组间休息时间可以保证运动员机体工作能力的恢复和非乳酸性氧债的清

除。对于局部肌群短时性（3～5秒）的练习，组间休息时间为30～40秒；对于全身性肌群或单个动作长时间的练习，组间休息时间为3分钟以内。

3.速度力量训练的方法

（1）马丁法

强度为35%～50%，每组重复次数为7次，一次训练练习3组，动作速度要求接近极限。

（2）比勒法

强度为30%～50%，每组重复次数为7次，一次训练练习5组，组间休息3～5分钟，动作要求爆发用力。

（3）塔式法

采用大强度练习，在高度的次极限和极限收缩后，肌肉达到精疲力竭状态，下一组练习随重复次数的增加而减少负荷量。

（三）力量耐力训练

1.力量耐力的决定因素

专项运动员力量耐力主要受机体对比赛的运动强度和运动持续时间的适应的影响。发展力量耐力必须创造与专项比赛活动特点相适应的条件，采用的练习必须在机体活动性质、运动形式及动作结构上尽可能地与比赛活动相同或相近，并力求体现出显著的专项力量特征。运动员的力量耐力水平主要取决于运动员的最大力量水平，能量供应系统的强度、容量、灵活性和节省化，以及肌肉的抗疲劳能力。

2.力量耐力训练的基础

（1）肌肉工作形式

肌肉工作形式主要选择以动力性练习为主、静力性练习为辅的训练方式。

（2）活动阻力

若发展最大力量耐力，应采用超出比赛活动阻力的 60%～80%的负荷重量；若发展速度力量耐力，应采用超出比赛活动阻力的 30%～50% 的负荷重量；若发展专项力量耐力，应采用略超出比赛活动阻力的 5%～10% 的负荷重量。

（3）练习的持续时间

根据练习的功能性质、动作的速度和负重量的大小，练习时间在 30 秒至 3 分钟。每组练习的次数或持续时间以运动员机体出现较大疲劳为宜。

（4）练习的速率

在进行发展一般性肌肉力量耐力负重练习时，完成动作的速率要适中。如果过分追求动作速率，将会导致动作速率下降而影响训练效果。在进行发展专项肌肉力量耐力练习时，动作速率应尽可能与比赛活动的速率一致。

（5）练习的间歇时间

组与组之间休息时间的长短主要取决于练习的性质、负重的大小、练习时间的长短及肌肉参与工作的数量。例如，当练习的时间较短（30～60 秒）需要通过数组练习才能达到极限疲劳时，运动员应选择在身体未完全恢复状况下进行下一组练习。一般情况下，休息时间应短于练习时间 5～10 秒。

（6）重复的次数和组数

当发展最大力量耐力时，重复总次数可达到 60～100 次，练习 3～5 组；当发展速度力量耐力时，重复总次数可达到 100～200 次，练习 4～6 组。

3.发展力量耐力的训练方法

发展力量耐力要根据专项特点，认真分析需要什么样的力量耐力，然后选择训练方法，确定训练负荷量。发展力量耐力的方法主要有持续训练法、间歇训练法和循环训练法等。

三、力量训练的要求与方法

（一）力量训练的要求

第一，当采用抗阻力练习手段进行练习时，要注意练习手段对各部分肌肉的影响。抗阻力动作要符合专项技术要求，使力量训练的结果能在技术动作上反映出来。

第二，要认真分析各种力量训练方法的作用，以便根据训练的目的有效地采用不同的训练方法。例如，要想提高最大力量，可采用等动力量、等张力量和等长力量训练方法；要想提高爆发力量，可遵循以等张力量、超长收缩力量训练方法为主，其他方法为辅的原则进行训练。

第三，要注意全面协调地发展力量素质。在力量训练中，既要重视发展大肌肉群的力量素质，也要重视发展小肌肉群的力量素质；既要重视发展专项力量素质，也要注重发展基本力量素质。

第四，要重视力量训练前后的准备和放松活动。在准备活动中，首先要使运动员的神经与肌肉做好承受极限负荷的准备；在训练后，要充分进行放松，重点采用拉长放松和抖动放松的方式使肌肉恢复到训练前的初始状态。

（二）力量训练的方法

常用的力量训练的方法有如下几种：

1.等长训练法

等长训练法是运动员以肌肉等长收缩的方式保持某一特定位置或对抗固定不动的阻力的练习方法，是极限用力的一种特殊方式，主要用于快速发展最大力量。等长训练法训练的强度为最大肌肉力量的40%以上，持续时间为最大持续时间的20%以上，练习次数为每周5次。

在应用这个方法时要注意以下几点：优秀运动员的训练强度为 80%～

100%，以最大限度地用力为主，经过一定训练的运动员以较小的强度进行训练；为防止肌肉拉伤，不应在收缩一开始就达到最大紧张度，而应逐渐加大用力，在第 3 秒才达到最大用力限度，然后保持 2～3 秒。

2.等张训练法

肌肉以等张收缩的形式进行负重或不负重的动力性抗阻练习，称为等张训练法。等张训练法单位时间内的练习次数多，刺激的频率高，强度大，通过强度的不断积累能有效地提高最大力量和爆发力。等张训练法对提高动作速度、肌肉的收缩与放松能力有直接的影响。例如，采用 5RM 的重量能使肌肉变粗大，并使力量和速度得到发展，适用于投掷运动员；采用 6～8RM 和 5RM 的效果相似，但对力量耐力有影响，适用于 100 米跑、200 米跑和跳跃运动员；采用 10～15RM 的重量练习对肌肉增大效果不明显，但能有效提高速度和力量耐力，适用于 400 米和 800 米跑的运动员；30RM 的重量练习适用于中长跑运动员。

3.等动训练法

等动训练法是指借助专门的等动训练器械，在动力状态下完成练习的方法。这种练习速度相对稳定，机体产生的反应强度保持恒定，运动员的动作在任何一个过程都表现出最大用力或恒定用力，有利于提高绝对力量。但等动训练法是在损失动作速度的前提下，通过承受最大力量用力过程来提高力量素质的，会阻碍动作速度的提高，因此跑和跳跃项目的运动员不宜采用等动训练法。

4.退让性训练法

退让性训练法是指使肌肉产生离心收缩的练习方法。退让性训练对神经系统产生超量负荷，而且训练时间长，能明显提高肌肉力量特别是最大力量。退让性训练法练习的负荷的重量应大于等张训练的负荷重量，通常超出 10%～30%。退让性训练法与等张训练法和等长训练法相比，大强度的退让性训练更容易使肌肉疼痛的时间延长。因此，为了取得更好的力量训练效果，在训练实践中应将等张训练法与退让性训练法结合运用。

5.超等长训练法

超等长训练法是指肌肉先被迫快速地做离心收缩，紧接着做向心收缩的力量练习方法。超等长训练法能强烈地刺激肌肉，更好地提高肌肉的抗拉力水平，有利于发展爆发力，对发展跳跃项目运动员的弹跳力具有很好的作用。

四、力量训练的注意事项

（一）找准训练方向

在很多运动项目中，由于项目的不同，其技术动作结构也会有很大的区别，因此要求参加工作的肌肉群力量不同，要求的力量素质也不同。比如，田径运动中的短跑项目要求竭尽全力连续快速蹬地向前推进的力量，投掷要求竭尽全力使运动器械获得最大加速度的爆发力量，跳跃要求有良好的爆发力和弹跳能力。因此，力量训练要根据专项技术的动作结构来选择恰当的练习，以便于发展相应的肌肉群力量，提高运动成绩。另外，人们也可以通过肌肉研究来了解主要肌群力量特性、工作方式、用力方向、关节角度等，从而确定力量训练的方法，发展专项力量素质。只有紧密结合专项特点来安排力量训练，才能收到良好的效果。

（二）端正训练态度

肌肉活动要依靠中枢神经系统的调节才能进行。在进行力量训练时，运动员要集中精神，全神贯注，意识要跟上练习，与练习动作紧密配合，保持一致。只有这样，练习才能够有助于肌肉力量更好地发展。尤其是在训练期间负荷较大时，注意力应高度集中，否则容易受伤。在练习时，切忌嬉笑打闹，因为人在笑的时候肌肉处于放松状态，一不小心就会造成损伤。另外，为了练习安全，达到预期效果，运动员不仅要具备自我保护意识，还要加强互相保护，尤其是在肩负极限重量时。

（三）规范训练方法

1.呼吸方法要正确

在进行力量练习时，人们通常采用的呼吸方法是用力时憋气，完成动作或放松时呼气（练习前自然吸气练习憋气，然后自然呼气）。由于憋气可以提高练习时的力量，因此极限用力一般是在憋气情况下进行的。憋气是指在吸气之后，紧闭声门，尽力地做呼气动作。在运动中憋气有利于固定胸廓，增强腰背肌的紧张程度，能够发挥人体潜在的力量。因此，极限的用力在憋气的状态下才能进行。虽然憋气可以提高练习的潜力，但在用力憋气时，会引起胸膜腔内压急剧升高，迫使动脉血液循环受阻，易导致供血不足、脑缺氧，甚至发生休克；憋气后，胸膜腔内压骤降，回血量猛增，心脏负担加大，易发生窒息。为防止运动中出现不良后果，需注意以下几点：

第一，对于初练者，安排极限用力的训练内容要尽可能少一些，先使其在训练中学会正确地运用呼吸和调整呼吸的方法。

第二，最大用力的时间要短，可以不憋气时就不要憋气；重复做用力不太大的练习时，应尽量不憋气。

第三，为避免通过憋气来完成练习，在开始训练时的极限和次极限用力的练习不要太多。

第四，由于力量练习时间短暂，吸的气并不会立即在练习中产生作用，因此完成力量练习前不应做最深的吸气。

第五，用狭窄的声门进行呼气也可以达到与憋气类似的效果，因此在做最大用力时，可采用慢呼气的方式来协助最大用力练习的完成。

2.严格要求训练动作符合技术规格

在进行力量素质训练时，每个力量练习动作都有技术规格要求。练习者只有按照技术规格要求去操作，才能够更好地发展肌群的力量。如果技术动作不规范，那么参与活动的肌群就会有所改变，从而影响力量训练的效果。比如，臂弯举动作要求身体直立，两臂贴于体侧，只依靠肘关节的充分屈伸来完成。如果练习者为了贪图省力而举重，依靠身体的前后摆动来完成动作，那么发展肱二头肌的效果就要差很多，因为在身体摆动时，腰背肌肉、臀部和大腿后面的伸髋肌群也参与了工作。

此外，掌握正确技术动作可以防止伤害事故的发生。比如，做深蹲练习要求挺胸直腰，腰背肌收紧以固定脊柱，主要依靠膝关节的屈伸，同时伴随着髋关节的屈伸来完成动作。若站不起来，练习者的腰背肌也要一直保持收紧，等待同伴的保护帮助，这样既安全又有效果。如果练习者弓腰练习，尤其是站不起来时腰弓得更加厉害，那么就比较容易造成腰部损伤。

3.训练负荷要循序渐进地增加

大负荷是指在进行力量训练时，训练的负荷强度和训练总量一般要用所能承受的最大负荷或接近最大负荷。采用大负荷训练能迫使肌肉进行最大收缩，可以刺激人体产生一系列生理适应性变化，从而促进肌肉力量的增加。为了达到大负荷，训练无疑要保持较大的强度，或者要保持较多的数量。

在进行力量素质训练后，力量增长，原来的大重量负荷就逐渐改变，变为小负荷。要继续保持大负荷，就必须循序渐进地增加负荷。比如，在训练开始时，某人用 20 千克做臂弯举，反复举 8 次出现疲劳。当训练一段时间后，他能用 20 千克连续举起 12 次，这时就要增加负荷，直至其又能举起 8 次的重量。这样，就可使有关的肌群始终在大负荷状态下工作。

很多运动员采用"超负荷训练"，它是指要求肌肉完成超出平时负荷的训练。"超负荷训练"会引起肌肉成分，特别是肌蛋白的分解，肌肉的成分重新组合，使肌蛋白含量得到提高，从而使肌肉更加粗壮有力，促进超量恢复的产生。运动员会不断地、有目的地、有计划地安排"超负荷训练"，以引起超量恢复，达到迅速发展力量素质的目的。但是这种方法适合大多数优秀运动员，并不适合初学者或者运动能力不高的人。

（四）科学调整肌肉状态

第一，在力量素质训练时，应使肌肉充分伸展拉长，然后使其收缩，动作的幅度要大。这是因为肌纤维被拉长后既可增大收缩的力量，又能够保持肌肉良好的弹性和收缩速度。

第二，在力量训练完成后，肌肉会充血，这时便要做一些与力量训练动作相反的拉长动作，或者做一些按摩、抖动动作，以充分放松肌肉。这样做既可以加快疲劳的消除，促进恢复，又可以防止关节的柔韧性因力量训练而下降，同时有助于保持肌肉良好的弹性和收缩速度。

第三节　速度训练

一、速度素质的基本认知

（一）速度素质的概念

速度素质是指机体或机体的某一部位在最短时间内完成动作的能力。人体快速运动的能力既是力量、柔韧性、协调性、灵敏性等素质综合协调发展的结果，也与中枢神经系统的灵活性和机体的无氧代谢水平有关。

速度素质一般分为反应速度、位移速度、动作速度、速度耐力。反应速度是指运动员对外界信号刺激做出应答的能力，它反映了神经冲动在神经系统中的传导速度。位移速度是指单位时间内运动员身体移动距离长短的能力或身体通过一定距离所需时间长短的能力，通常以通过一定距离的时间或单位时间内通过的距离来表示。动作速度是指运动员快速完成单个动作的能力，反映了运动员机体快速完成动作的整体能力。速度耐力是指运动员维持最高速度运动状态的能力，反映了运动员在最高速度状态的持久力。各项速度素质有各自的独特性，通常是互为独立的，但它们的关系在训练实践中是紧密相连的，如在田径运动中，速度素质的表现正是这四种速度素质的综合反映。

（二）速度素质的基础

1.神经过程的灵活性

神经过程兴奋与抑制的转换速度是速度素质的神经基础，是速度发展的最基本的前提条件。它直接影响到肌肉收缩与舒张交替过程的快慢，而这一交替过程又由神经系统支配，所以改善神经系统兴奋与抑制过程的功能和神经肌肉的协调性是提高速度素质的首要任务。虽然人体神经过程兴奋与抑制转换能力在很大程度上取决于遗传因素，但是在少年儿童阶段，神经过程的灵活性还具有一定的可塑性。

2.快肌纤维的比例

快肌纤维与慢肌纤维的比例、肌肉的弹性、肌肉的伸展性、肌组织内的协调性、肌肉与肌肉之间的协调水平等都是影响速度表现程度的因素，尤其是肌肉纤维的类型对速度素质影响较大。快肌纤维是速度素质的肌细胞基础，速度素质与人体骨骼肌中的快肌纤维的总数和体积高度相关。科学的训练能改善快肌纤维的质量，增强快肌纤维内三磷酸腺苷（ATP）、磷酸肌酸（CP）等能量物质的含量和细胞酶的活性，提高人体的速度素质。虽然快肌纤维的数量受遗传因素的影响，但快肌纤维的质量是能够改善的，因此通过训练改善快肌纤维的质量对提高速度素质有着重要的意义。

3.高能物质的储备量

速度素质主要依赖的能量物质是 ATP、CP 和无氧状态下肌糖原的代谢能力。其中，存储在肌纤维内的 ATP、CP 分解释放的能量只能使人体维持激烈的活动 7~8 秒钟，然后由肌糖原在无氧状态下分解释放能量，以维持人体快速运动。由此可见，提高肌纤维内 ATP、CP 的储备量和肌糖原的无氧代谢能力是提高速度素质的有效途径。

4.肌纤维的特性

肌纤维的特性主要是指物理性，表现在肌肉的弹性、伸展性、黏性和松弛性等方面。肌肉的弹性越大，越能产生较快的收缩速度；肌肉的伸展性越好，越能增大动作的幅度；如果肌肉的黏性适宜，就能减少肌肉之间的摩擦力；肌肉越松弛，越能配合主动肌的快速收缩，提高速度素质。因此，速度素质训练的主要任务就是提高肌肉的弹性、伸展性、放松能力，减少肌肉的黏性。

5.速度心理感知能力

速度心理感知能力是影响速度素质发挥的重要心理能力，主要影响运动员正确支配技术动作。运动员的速度感知能力强，所做的技术动作就会更协调准确、迅速，并能根据需要调节动作节奏，更好地协调肌肉的收缩与放松活动，有效地提高速度素质。

（三）影响速度训练的主要因素

1.练习强度

速度练习强度的选择与安排必须能引起运动员机体产生适应性的变化，即提高速度能力。练习强度越合理，越有助于速度能力产生适应性变化。采用最大强度和次最大强度的练习是有效提高速度能力的主要途径。当运动员以最大运动能力 90%～100%的强度完成较短时间的运动时，更有利于提高速度能力。

在进行大强度或极限强度的速度训练时，教练应选择运动员熟练掌握的动作，使运动员的注意力集中在完成动作的速度上，避免运动员把注意力集中在完成动作的过程中，从而影响速度练习的效果。

2.练习的持续时间和练习量

反应速度的练习在持续时间上没有硬性的规定，只要运动员还处于适宜的兴奋状态都可以进行练习。对于动作速度和动作频率的训练，理论上保持最大速度能力的理想持续时间为 6～20 秒，但在实践中，30～50 秒的局部速度性的练习也能使运动员较好地保持极限强度和最大强度的工作状态。练习量的控制以运动员保持最大速度能力为准，一旦其出现疲劳，教练应立即停止速度练习或改换其他练习，以确保最大速度训练的效果。

3.组间休息时间

通常高强度、多次重复的单个练习、成套练习和综合速度能力训练以组数练习的方式进行，应在每组练习之间安排充分的休息时间，以保证运动员体能得到较完全的恢复，确保下一组的练习效果。根据练习的目的和训练的强度，组间休息一般为 2～3 分钟。如果休息时间过长，反而会导致中枢神经系统兴奋性降低，影响速度训练的效果。

二、速度训练的要求和方法

（一）速度训练的要求

不同的田径项目对速度素质有各自不同的要求，速度在各个项目中的具体表现形式也不同，但速度素质的生理学基础决定了在发展速度的方法上具有共同要求。

1.全面发展速度素质

从速度素质的生理学基础看，速度素质取决于完成单个动作的速度和动作频率的发展水平，以及这些基本形式以各种不同的组合形式表现出来的综合能力。因此，必须全面发展速度素质，既要注意提高速度能力的某一个组成部分，又要注意这些素质是一个互相联系的整体。在训练实践中，在提高速度能力时，部分运动员往往注重提高绝对速度，而忽视提高速度能力的其他组成部分，致使在比赛中未能表现出高水平的综合速度能力。运动员在偏重提高主要速度能力的同时，也不能忽略其他速度能力的发展，应全面考虑，整体计划，突出重点，协调发展。

2.速度训练手段必须与专项相结合

速度训练手段必须与专项动作的结构相一致，这样能使速度素质在专项动作比赛中表现出其特点。如果速度训练采用的方式与专项动作结构不相同，那么所获得的速度能力就不一定能在专项动作比赛中很好地表现出来。比如，有的短跑运动员做快速摆臂和原地快速高抬腿的练习时，能达到很高的指标水平，但在短跑比赛中却不能表现出很高的速度水平。这就说明快速动作只是提高速度素质的基础条件，如果要在专项运动中表现出高超的速度水平，快速动作还需要通过专门的训练，使快速动作的能力与具体项目所特有的运动性及植物性神经系统功能有机结合起来，根据项目特点和技术动作的要求，加强感受器官与运动器官一致性的训练。只有这样，才能提高专项动作所需要的速度素质。

3.速度训练要突出"快速"特征

发展速度素质的一切练习都要建立在"快"的基础上，这是由比赛的性质决定的，提高速度的目的就是在比赛中创造优异成绩。例如，田径比赛虽然以远度或高度来计算成绩，但速度能力也是取胜的保证。这就要求所有的速度练习都应该尽量表现出最高的水平，要求动作反应快，以最快的速度和最高的频率完成练习动作。

4.科学安排速度训练的顺序和时间

身体素质与运动能力是相互联系、相互促进和相互制约的，在发展某种身体素质或某种运动能力时，总会或多或少、直接或间接地影响其他素质和运动能力的变化。因此，运动员在发展速度素质和快速能力时要从整体出发，认真处理好与其他素质之间的关系，科学安排训练的时间和顺序，使各种素质与运动能力协调发展，避免身体素质各要素之间相互干扰而产生不良的影响。

身体素质的发展具有年龄特征，10～12 岁少年儿童神经系统的灵活性特别高，是发展速度素质的"敏感期"，因此要充分利用这个时期，通过发展高频率和协调性来提高速度素质。速度素质的训练时间不宜过长，练习时宁可少做几次，距离总量少些，也一定要快速地完成；一旦速度下降，应立刻停止速度训练。发展速度素质的练习最好安排在小强度训练或调整训练后的第一天进行。在一天或一次训练课中，最好安排在运动员身心状况最佳、精力充沛时进行。速度训练应安排在力量训练之前，因为力量素质要求神经过程的强度大、肌肉收缩用力大，而速度素质要求神经过程的灵活性高、兴奋与抑制转换快、肌肉收缩轻松协调，两者存在着相互制约的关系。

（二）速度训练的方法

1.常规训练法

常规训练法通常用于发展基本速度能力（如反应速度、动作速度、动作频率）和发展综合速度能力。

（1）发展基本速度素质的方法

基本速度素质包括反应速度、动作速度和动作频率，这些简单速度素质是各项目都应具备的。主要采用一般性训练、辅助性练习和专项性练习来发展这些速度素质。

第一，发展反应速度。例如，在径赛项目比赛中，运动员需要对听觉的刺激作出快速反应，如听枪声起跑就是简单反应。发展反应速度，一方面可以改善简单反应，让运动员的视觉或听觉接收信号刺激，并规定运动员做出相应的应答动作；另一方面，可以改善复杂的预测反应的能力。教练员应根据项目的要求，设计特定的环境，使运动员快速训练完全相等的应答动作。

第二，发展动作速度。根据项目比赛中速度表现的结构和特点来安排，选择专项所特有的、对速度具有很高要求的各种各样的动作作为练习手段。比如，采用顺风跑、下坡跑；先用增加重量的铅球进行练习，再用标准重量的铅球进行练习。再如，先上坡跑，再平跑，然后下坡跑，通过加大以最大速度完成动作的难度来提高训练的效果。

第三，发展动作频率。以在单位时间内完成规定次数为出发点，选用发挥最大动作频率的局部练习或整体练习。发展动作频率的练习方法主要有一般性练习和专项性练习。一般性练习主要是建立条件反射，以便向专项良好性转移；专项性练习主要采用与专项相似或专项动作作为发展动作频率的练习手段。

（2）发展综合速度能力的方法

发展综合速度能力就是把提高各种速度要素发展的局部速度能力相应联系和统一起来，并联合成完整的专项动作，体现出专项比赛中所表现的速度能力。运动员在发展综合速度能力时，要尽量考虑选择速度素质在比赛中各种可能的表现形式作为练习手段。

2.力量训练法

由于速度素质的生物学基础与力量素质的生物学基础同类，快肌纤维和高能物质的功效也类似，因此某些力量训练方法对发展速度素质有着直接作用，值得借鉴，如轻杠铃的快速挺举、抓举、半蹲、负重跳跃等练习方法。

3.外力训练法

外力训练法是指在速度训练中，运动员借助风力、重力、牵引力等进行运动的练习方法。在速度训练中，运动员通常长期使用一种或几种训练手段。由于运动员机体已经习惯了这些刺激，很难引起运动员速度素质的提高，速度能力趋于稳定状态，因此需要寻求新的训练方法和手段来进一步发展速度素质。外力训练法有利于提高动作幅度和频率，并使神经肌肉系统形成快速运动的能力定型；有利于使运动员在心理上形成较好的运动速度感，更主动地强化速度训练中快速运动的动作意识；有利于克服"速度障碍"，使运动员能较快地度过速度训练中所出现的"高原期"；有利于体验快速运动中肌肉收缩与放松交替进行的感觉，以便神经系统更精确地支配有关肌群。

4.比赛训练法

比赛训练法是指运动员在比赛的气氛和环境条件下，以模拟比赛的方式进行的对抗训练方法，主要是通过充分调动运动员的心理能量和生理能量进行速度训练。比赛训练法能够最大限度地发挥运动员的生理和心理能量，使机体处于高度应激准备状态，有利于充分发挥体能作用；能使神经系统处于高度的兴奋状态，有利于发挥神经过程兴奋与抑制的交替能力；能使机体形成与竞赛环境相适应的内环境状态，从而在训练中产生与之相适应的反应。

三、速度训练的负荷

速度素质的发展与速度能力组成部分的负荷量密切相关，主要包括练习强度、练习持续时间、间歇时间及重复次数和组数等。

（一）练习强度

速度训练的效果在很大程度上取决于练习的强度。运动员在训练中如果能以极限或接近极限的强度完成速度训练，就有可能不断地提高个人运动成绩。所以，运动强度既是运动负荷的主导因素，也是提高运动员速度素质的主要刺激因素。

在速度训练负荷强度的安排上，极限强度是速度训练的主要负荷强度。在训练中，采用极限强度或接近极限强度进行练习，对运动员的机体具有良好的促进作用，能使决定速度素质的各种因素发生改变。运动员应高度集中注意力，最大限度地动员运动系统，使动作反应更快、频率更高、幅度更大，力求达到最高的速度水平。

速度训练不应限于采用极限强度或接近极限强度的练习，应交替采用85%～90%强度的练习，以提高速度素质，促进其组成因素的发展。过多或单一安排极限强度或接近极限强度的练习会产生不良的后果，导致速度障碍的出现；同样，长期或单调地进行偏低强度的速度训练也不利于速度素质的发展。低强度的练习会严重地阻碍运动员速度素质的提高，限制运动员速度素质的发展，使运动员的速度素质不能够达到相应的水平，也会导致速度障碍的出现。所以，以极限强度为主、85%～90%的强度为辅的速度训练方式是提高速度素质水平和预防速度障碍出现的有效途径。

（二）持续时间

速度练习时间是很短的：单个动作的持续时间不足 1 秒；在发展动作速度和动作频率的练习过程中，动作持续时间应在 10～15 秒；发展综合速度能力的练习时间也不长于 15 秒；提高位移速度能力的练习时间通常不超过 30 秒。

（三）间歇时间

确定速度练习的间歇时间应该以强度工作后恢复的规律为依据，即在下一个练习开始时，中枢神经系统的兴奋性仍较高，而机体的生理变化在很大程度上已趋于平衡。如果休息时间过短，运动员机体分解的产物会很快堆积起来，降低继续完成高强度工作的心理准备和身体准备水平，从而导致下一个练习时工作能力下降。

根据速度练习的目的，练习强度、练习持续时间和间歇时间均有所不同。非周期性项目的练习可安排 5～6 次（每次 5～10 秒）、3～4 次（每次 15～20 秒）、2～3 次（每次 25～30 秒），各次练习之间休息 10～30 秒，组间休息 2～5 分钟。周期性项目的练习持续时间为 10～15 秒，各次练习间休息 2～5 分钟，组间休息 10～15 分钟。

（四）重复次数和组数

在以高强度多次完成速度练习时，即使间歇时间安排得很合理，也会造成运动员机体生理变化的积累，逐渐降低高强度的工作能力。因此，必须控制速度练习的负荷量，寻求最适宜条件下的重复次数和组数。速度练习的重复次数和组数应根据运动员的训练水平、个人特点，以及采用的速度练习性质、强度和持续时间、训练课的特点来确定，其基本条件是要保持相对工作能力，以不疲劳、不降低速度为原则。

第一，以改善技术，达到动作轻松不紧张，提高中枢神经系统的机能，提高肌肉的力量、弹性和关节的灵活性开始发展快速动作耐力，保持训练水平为目的的速度训练，主要采用接近极限的速度重复完成练习，训练强度控制在70%～90%，训练量大或很大，安排在准备期或比赛初期，每周安排4～5次。

第二，以达到动作轻松、动作自动化，提高决定极限速度的中枢神经系统的机能，提高肌肉力量、弹性和关节灵活性，发展专项耐力为目的的速度训练，采用极限速度重复完成的练习，训练的强度为100%，训练量要求小或中等，安排在比赛期，每周安排1～2次。

第三，以提高神经系统机能、完善运动素质、培养运动员心理品质、在新的水平上巩固运动技能为目的的训练，采用超过极限速度重复完成的练习，训练强度为100%，训练量要求小或中等，安排在比赛期或准备期，每周安排1～8次。

第四，以培养意志品质和在快速练习时集中注意力为目的的训练，采用在加大难度的条件下重复完成的练习，训练强度为100%，训练量要小，安排在准备期或比赛期，每周安排1～2次。

四、速度训练的注意事项

速度素质的发展受多种因素的影响，为了有效地提高人体的快速运动能力，在速度训练的过程中必须注意如下事项：

（一）合理安排速度训练的顺序与时间

各种身体素质及运动能力之间具有相互联系、相互促进和相互制约的关系，在发展某一项素质的同时，都会或多或少、直接或间接地引起其他素质的变化。因此，在发展速度素质时，应处理好与其他素质的关系，合理安排练习的顺序，使各项素质间实现互相促进和良性转移。

在速度训练中，常使用发展力量的手段来促进速度素质的提高，尤其是在静力性力量练习中，由于动作缓慢，会降低神经过程和肌肉活动的灵活性。而速度素质要求神经过程的灵活性高，兴奋与抑制迅速转换，肌肉收缩轻松协调。因此，速度训练应放在力量训练之前进行，力量训练也应以动力性力量练习为主。在力量训练过程中，应交替安排一些轻松、快速的跑跳练习或一些协调性和柔韧性练习，这对发展速度素质十分必要。

速度训练的时间应安排在运动员身心状态最佳、精力最充沛的时候进行。因为人体疲劳后神经过程灵活性会降低，兴奋与抑制的快速转换则无法进行，如果在这时发展速度素质，那么效果不佳。

（二）速度训练与专项技术相结合

体育科学研究人员发现，速度类练习对本身练习之外的动作速度发展的迁移效果较小，也就是说，速度练习更多地受制于诱发练习动作本身的速度能力。因此，速度训练需要结合专项技术动作要求进行，具有较高的专门性。比如，对于短跑运动员，反应速度训练应着重培养听觉反应能力；对于球类运动员，应着重培养视觉反应能力；对于体操运动员，应着重培养皮肤触觉反应能力。在通常情况下的视、听、触觉中，触觉反应最快，听觉反应次之，视觉反应最慢。

动作速度训练应与各专项技术相结合，让运动员在速度训练中能感觉到躯干等各部位的协调配合及在空间、时间方面的速度节奏，从而发展专项技术所需的动作速度能力。

（三）保证体能训练的环境安全

当运动员进行速度训练时，如果所发出的力量及动作频率、动作幅度超过了最大限度，那么将给运动员带来巨大的风险。速度训练中的负荷对运动员的肌肉、肌腱和韧带提出了很高的要求，因此发生运动损伤的潜在危险性很高。运动损伤发生的主要有以下几个方面的原因：训练手段缺乏变化；负荷过大；在气温较低或运动员疲劳的情况下运动负荷的安排不当，或是速度训练所要求的直接准备（准备活动）不充分而引起的肌肉放松能力下降等。因此，对任何速度训练来说，在比赛或训练前认真进行专门的准备活动是基本要求。此外，在早晨训练时，应该注意不要安排最大强度的速度训练，如果肌肉出现疼痛或痉挛等迹象，训练的原有负荷就应该停止。在气温较低的天气里，应当选择恰当的服装（竞赛服），还应该采用按摩和放松练习等训练手段。

如果要在皮肤上涂擦强力的物质来促进血液循环，必须使用经过有关医疗卫生部门批准的物质。此外，还需要在保障场地设施安全的条件下进行速度训练，注意穿透气良好、宽大的运动服和适宜的鞋袜。

（四）从体能训练者的实际情况出发

训练内容的安排要充分考虑练习者的训练水平和身体状态，在两次速度练习之间要保证练习者身体疲劳完全恢复，同时注意按照正确的技术动作和衔接顺序进行，先慢后快，先易后难。

人体适宜的工作状态对发展速度素质是十分必要的，其包括神经系统的适宜状态、内脏系统的适宜状态和肌肉系统的适宜状态。这些适宜状态可以通过集中注意力和速度训练前用强度较小并保持一段时间的活动达到。运动员如果保持注意力集中，可使神经系统处于适宜的兴奋状态，并使肌肉保持一定的紧张度。而强度较小并保持一段时间的活动能提高中枢神经系统功能，使内脏系统与肌肉系统间形成适宜的相互关系，对改善肌肉内协调性具有良好的作用。

（五）速度能力与其他能力协同发展

力量，特别是快速力量和柔韧性，是影响速度素质的重要因素，因此在发展速度素质时，先要注意发展快速力量。比如，采用中小强度多次重复快速负重练习，使肌肉横断面和肌肉力量增大，并提高肌肉活动的灵活性；适当采用高强度练习，使肌肉用力时能够最大限度地调动更多的肌纤维同时进行收缩，提高肌肉的收缩功效。此外，柔韧性提高后可以增加力的作用范围和时间，同时能使肌肉内协调性得到改善，从而减少肌肉阻力和增大肌肉合力，最终提高运动速度。

运动员整个身体或某些关节的运动速度是实现理想运动成绩的决定性因素，而运动项目所要求的最佳运动速度往往是关节协同发力的结果，但是速度和力量并不同步发展。在一些速度能力起决定性作用的运动项目训练中，较早地进行技术动作的速度训练是很重要的，但是这些训练不一定必须遵照基本的技术模式。在一些项目中，速度训练与体能训练有着密切联系，因为速度与耐力、力量和灵活性紧密相关。而且，速度训练还可能与复杂的技术训练有关，因为速度训练需要针对项目的专门要求来安排。此外，因为项目中所参与的有关力量、耐力和灵活性，以及项目所要求的最佳速度、最大速度和关节运动速度变化之间的协同配合程度存在差异，这些专门要求也有所不同。

第四节　耐力训练

一、耐力素质的基本认知

（一）耐力素质的概念

耐力是指有机体在较长的时间内，保持特定强度负荷或动作质量的能力，是人体的基本运动素质之一。耐力对人的生活能力及运动能力均有重要的影响。人体耐力的提高总是伴随着内脏器官功能的提高，如心血管系统功能的提高、有氧代谢能力的改善等；还表现为人体的骨骼肌和关节韧带等运动装置能够承受更长时间的负荷运动，以及在心理上对长时间工作所产生的疲劳的克服。在竞技体育领域中，耐力在不同的竞技运动项目中均发挥着重要作用。

（二）耐力素质的分类及其关系

由于人们对耐力素质进行分类依据不同，认识角度各异，因此对耐力素质的种类划分及其含义有不同的看法。

根据机体负荷时间和强度的不同，耐力素质可分为短时间耐力、中等时间耐力和长时间耐力。短时间耐力是指运动员在 1 分钟内以高强度负荷持续工作的能力；中等时间耐力是指运动员在 1~8 分钟内以较高强度负荷持续工作的能力；长时间耐力是指运动员在 8 分钟以上以中等强度或较低强度持续工作的能力。

根据运动过程能量代谢特征的不同，耐力素质可分为有氧耐力和无氧耐力。有氧耐力是指运动员在有氧供能的状态下持续进行一定负荷强度工作的能力；无氧耐力是指运动员在供氧不足并产生氧债的状态下持续进行一定负荷强度工作的能力。

根据与专项运动的关系的不同，耐力素质可分为一般耐力和专项耐力。一般耐力是指运动员长时间有效地完成非专项性工作的能力；专项耐力是指运动员在专项比赛或训练所需要的时间内坚持高强度工作的能力。

虽然耐力素质分类的依据不同，但是其隶属种类之间的关系仍具有一定的联系。比如，按负荷时间与强度来划分的耐力种类和按与专项运动的关系来划分的耐力种类，在能量供应方式上就有相应的特点；按负荷时间与强度来划分的耐力种类与运动过程能量代谢特征来划分的耐力种类之间也有紧密的联系。短时间耐力与力量耐力和速度耐力的关系非常密切，中等时间耐力与力量耐力、速度耐力的关系比较密切，长时间耐力与力量耐力、速度耐力的关系一般。

（三）耐力素质基础

耐力素质基础是指影响耐力素质发展的因素。耐力素质的发展主要受以下几个因素的影响：

1.神经过程的稳定性

在长时间的运动中，神经过程是否稳定决定着运动技术在这一活动过程中能否保持高度协调，而运动技术的稳定性又是取得优异成绩的必要条件。在比赛过程中，各种因素都可能影响运动技术的稳定性，如心理过分紧张和比赛环境不适应等，但是在多数项目中，逐渐加深的疲劳感是影响运动技术稳定性的主要因素。例如，在中长跑比赛中，若神经过程具有长时间的稳定性，就说明神经机能对疲劳具有高度的抵抗能力。

2.肌肉的能量储备

运动员体内的能量物质，尤其是糖原和游离脂肪酸的储备量，是决定运动员中等时间和长时间耐力水平的重要因素。一般情况下，在氧供应不足的条件下，体内糖原和游离脂肪酸含量高的运动员在运动中所表现出来的耐力水平通常比较高。体内糖原储备量大，标志着运动员在较高强度的负荷下持续工作的潜力大；体内游离脂肪酸含量高，意味着运动员连续工作的能力强。长时间系统的训练可以有效地改善体内能量供应系统的调节水平。

3.最大摄氧量的水平

最大摄氧量是反映运动员有氧耐力的主要标志，也是衡量运动员有氧耐力的客观指标。氧是能量物质氧化释放能量过程中不可缺少的主要物质，在以耐力素质为基础的项目中，氧供应充足与否完全取决于能量物质分解释能水平的高低；而人体氧供应充足与否在很大程度上取决于最大摄氧量水平的高低。

4.慢肌纤维及其比例

人体骨骼肌中的慢肌纤维是耐力素质的重要物质基础。慢肌纤维在结构上具有肌纤维粗、横纹少、神经末梢多的特点，在机能上具有潜伏期长、不易疲劳、持续收缩时间长、氧化能力强的特点。人体慢肌纤维的比例与最大摄氧量水平呈正相关。当人体在以65%以下最大摄氧量的负荷强度下运动时，慢肌纤维内的糖原随着负荷时间的延续而显著减少，而快肌纤维内糖原消耗并不明显。这就说明，在氧供应充足的情况下，人体长时间持续活动主要是慢肌纤维及其内部的能量物质分解释能所起的作用。因此，慢肌纤维是有氧耐力素质的物质基础。

5.运动员负氧债能力

运动员在氧供应不足的情况下仍然能够持续保持较高负荷强度的运动能力，这说明运动员体内负氧债的能力强。运动员负氧债能力的强弱与机体抗酸能力、糖原无氧酵解能力、氧利用能力的高低有关。一般来说，在氧供应不足的情况下，糖原无氧酵解释放能量越多，体内利用率越高，机体抗酸能力越强，运动员的无氧耐力水平越高。

6.运动员的意志品质

耐力素质是在克服机体疲劳的情况下表现出来的一种运动能力，耐力素质与运动员抗疲劳干扰的能力有着直接关系。克服疲劳的干扰与克服疲劳的心理意志力密切相关，意志品质程度越高，克服疲劳的能力越强，机体抗疲劳性也越大。因此，在耐力训练中，教练要有针对性地挖掘运动员的心理潜力，提高运动员的意志品质，使运动员在比赛中能够克服由神经疲劳和肌肉疲劳产生的痛苦、烦躁、难受等心理障碍，从而创造更优异的成绩。

二、耐力训练的基本要素、要求和方法

（一）耐力训练的基本要素

1.训练强度

发展有氧耐力的训练强度一般不超过最大速度能力的 70%，运动员的心率控制在 145～170 次/分（运动心率低于 140 次/分的负荷刺激不能有效地发展有氧耐力）。发展无氧耐力的训练强度通常以运动员最大速度能力的 85%～95% 为主，也可以采用次最大强度或最大强度的负荷强度，要求运动心率达到 180 次/分以上。

2.持续时间

有氧耐力训练的持续时间变化范围比较大，往往根据训练阶段、对象训练水平和专项需要来安排，一般不低于 20～25 分钟。高强度、高密度和短间歇的无氧耐力训练持续时间为 20～25 秒。有氧耐力训练间歇时间不宜过长，过长会引起后续训练机能能力的下降。运动员一般可用心率来控制间歇时间，当心率下降到 120 次/分时，应开始下一次练习。在进行大强度的无氧训练时，运动员要在每组练习之间安排较长时间的休息，以保证因训练堆积的乳酸得到氧化，运动员应在基本恢复的状态下开始下一次练习。

（二）耐力训练的基本要求

1.注意培养运动员良好的心理控制能力

运动员的意志品质在耐力训练中所起的作用非常重要，因此必须注意对运动员意志品质的培养。温度过高、气压过低对一个人的耐力也会产生较大的影响，抵抗这些不利因素需要运动员具备坚强的意志品质。

2.注意提高运动员的呼吸能力

运动员坚持长时间工作所需要的氧气是通过提高呼吸频率和加大呼吸深度来摄取的。在长时间工作过程中，没有参加过训练的人主要以加大呼吸的频率来摄取机体所需的氧气，高水平运动员则是以加大呼吸的深度来摄取机体所需的氧气。在训练中，运动员以中等强度进行练习时，会出现每分钟耗氧量与氧供给量不一致的情况，在进行大负荷运动时，两者之间的不一致更为显著，所以提高运动员的呼吸能力非常必要。在耐力训练中，应加强运动员呼吸节奏与动作节奏协调一致的训练，如果呼吸节奏紊乱，就会破坏动作节奏，影响运动成绩。

3.根据运动项目的需要有针对性地发展专项耐力

不同的运动项目，耐力训练的要求也不同，所以运动员要紧密结合运动项目的特点进行耐力训练，以满足专项耐力的要求。

4.耐力训练应以发展有氧耐力为基础

耐力训练应以发展有氧耐力为基础，发展混合代谢供能能力和无氧代谢能力为训练目的，应根据负荷时间与能量消耗的关系确定训练的重点。

（三）耐力训练的方法

1.持续训练法

持续训练法主要用于提高最大摄氧量，提高肌肉、关节韧带等支撑运动器官对长时间负荷的承受能力，发展一般耐力和有氧耐力。持续训练法可以分为持续匀速负荷训练法和变速负荷训练法。持续匀速负荷训练法的特征就是持续运动，主要用于基础耐力训练。变速负荷训练法是在较长的持续负荷过程中，有计划地、分段分时地变化负荷强度，改变能量代谢形式，从而达到提高有氧耐力强度的目的。持续训练法具有以下特点：

第一，在负荷时间超长、负荷强度较低的运动项目训练中，机体主要以脂肪代谢为主、糖原代谢为辅，长期坚持训练可提高机体内游离脂肪酸的储备水平，有助于提高体内有氧代谢能量物质的含量。

第二，在负荷时间为长时耐力一、二级（负荷持续时间 8～15 分钟为长时一级耐力，负荷持续时间 15～30 分钟为长时二级耐力）范围内，安排心率为165 次/分的负荷强度进行练习，对于提高糖原代谢水平和糖原储备量都具有实际的价值，同时对提高心血管系统功能也有帮助。

第三，在负荷时间为长时耐力三级（负荷持续时间 30～90 分钟以上为长时三级耐力）时，安排心率 150 次/分的负荷强度进行练习，对改善运动员心血管系统机能及提高脂肪代谢水平具有一定功效。

2.间歇训练法

间歇训练法主要用于发展糖酵解代谢能力，提高中时耐力水平。间歇训练法的变化形式主要有发展性间歇训练法、强化性间歇训练法和高强度间歇训练法。发展性间歇训练法的持续负荷时间相对较长，负荷强度相对较低，主要用于发展糖原有氧分解能力和有氧工作能力；强化性间歇训练法的持续负荷时间相对较短，负荷强度相对较高，主要用于发展无氧耐力或混合供能形式的耐力素质；高强度间歇训练法的持续负荷时间短，负荷强度高，主要用于发展无氧耐力素质。间歇时间以运动员练习后心率恢复到 120～130 次/分为确定休息时间。

3.重复训练法

重复训练法主要用于发展速度耐力和无氧耐力，提高以无氧代谢能力为主的短时耐力或以混合代谢供能中偏于无氧代谢的中时耐力。反复跑是重复训练法的典型练习方法，以间歇训练法为基础，进行多次反复的短距离跑，以大强度的跑来发展速度耐力。重复训练法的特点具体如下：

第一，多次重复训练负荷强度的平均水平最高，负荷强度都在无氧代谢阈值以上，即心率在 180 次/分以上。每次重复练习的负荷时间不长，休息时间要求不严格，一般以不影响下一次练习的强度为原则。

第二，对于提高肌肉中的能量物质，尤其是 ATP、CP 和肌糖原的含量更有效，能取得超量恢复的显著效果。

4.比赛训练法

比赛训练法主要用于改善专项运动所需的能量代谢系统，发展专项耐力，它的主要特点有以下几个：

第一，工作强度与比赛强度相当，甚至稍高于比赛强度，能有效地提高抗疲劳的心理稳定性。

第二，比赛训练法通过模拟比赛活动的全过程，促使运动员更彻底地调动身体的机能，留下的训练"痕迹"更深，获得的超量恢复更明显。

第三，运动员承受比赛的负荷强度有利于形成比赛技术，培养运动性机能和植物性机能的协调能力，提高专项耐力。

第四，可以更好地培养运动员专项比赛的意志品质。

三、耐力训练的途径和手段

（一）有氧耐力训练的途径和手段

1.有氧耐力训练的基本途径

运动员的有氧耐力水平主要取决于机体有氧供能能力、体内能量物质的储备、运动器官承受长时间负荷的能力和对疲劳的耐受程度。因此，提高运动员的摄氧能力，保持运动员体内有适宜的能量物质储备，提高运动器官承受长时间负荷的能力，促使运动员在疲劳状态下充分发挥机体潜力、坚持继续工作，是发展有氧耐力的基本途径。

长时间的单一练习，如跑步，既能发展运动员机体有氧代谢能力，又能发展肌群、关节和韧带的工作能力。长时间变换内容的练习可以减轻局部肌肉的负荷，全面发展运动员的有氧代谢能力。如果进行长时间的练习，应该采用强度较小的负荷运动。

2.有氧耐力训练的手段

发展有氧耐力主要是通过持续练习和间歇练习，且要求负荷量大，负荷强度相对较小。当采用间歇练习时，心率控制在170～180次/分，分段练习的工作时间控制在1～2分钟，组间休息时间以机体在还没有完全恢复状态下进行下一组练习为度，整个练习应该持续30分钟以上。当采用持续练习时，心率控制在150～170次/分，持续时间根据运动员的训练水平而定，高水平的运动员持续时间可长达2小时，一般持续时间应在20分钟以上。

此外，有氧耐力训练的强度应随运动员训练水平的提高而提高；应根据运动项目的需要，有针对性地发展有氧耐力；有氧耐力训练内容单一，应集体进行练习，避免练习过于单调和枯燥；在野外进行练习时，要注意安全。

（二）无氧耐力训练的途径和手段

1.无氧耐力训练的基本途径

运动员的无氧耐力主要取决于ATP和CP的储备量、无氧代谢供能的能力、运动器官承受大强度工作的能力及运动员对疲劳的心理耐受程度。因此，提高运动员的无氧代谢供能能力，保持运动员体内ATP、CP的储备量，提高运动器官承受大强度负荷的能力和改进运动员在疲劳状态下持续大强度工作的能力，是发展无氧耐力的基本途径。

2.无氧耐力训练的手段

第一，原地做快速高抬腿练习：当发展非乳酸性无氧耐力时，每组做5秒、10秒、30秒的快速高抬腿练习，一次训练做6～8组，组间间歇2～3分钟，强度为90%～95%；当发展乳酸性无氧耐力时，可做1分钟练习，或100～150次为一组，6～8组，每组间歇2～4分钟，强度为80%。

第二，行进间高抬腿跑20米左右接加速跑80米，重复5～8次，间歇2～

4 分钟，强度为 80%～85%。

第三，反复起跑：蹲踞式起跑 30～60 米，每组 3～4 次，重复 3～4 组，每次间歇 1 分钟，组间间歇 3 分钟。

第四，反复跑：跑距为 60 米、80 米、100 米、120 米、150 米等，重复次数应根据距离的长短及运动员的水平而定；一般每组 3～5 次，重复 4～6 组，组间间歇 3～5 分钟。

第五，间歇行进间跑 30 米、60 米、80 米、100 米等：计时进行，每组 2～3 次，重复 3～4 组，每次间歇 2 分钟，组间间歇 3～5 分钟，强度为 80%～90%。

第六，计时跑：做短于专项距离的重复计时跑或长于专项距离的计时跑，重复次数 4～8 次（根据距离而定），间歇 3～5 分钟，强度为 70%～90%。

第七，变速跑：变速快跑与慢跑结合进行，快跑段与慢跑段距离应根据运动员专项而定。比如，当发展非乳酸性无氧耐力时，常采用 50 米快、50 米慢，100 米快、100 米慢，直道快、弯道慢或弯道快、直道慢等变速跑方式；当发展乳酸性无氧耐力时，常采用 400 米快、200 米慢或 300 米快、200 米慢等变速跑方式，强度为 60%～80%。

第八，结合各专项动作循环练习：以各专项的专门练习或辅助练习等组成一套练习，反复循环进行，强度为 65%左右。

四、耐力训练的注意事项

（一）必须遵循耐力训练的基本原则

运动员耐力素质的发展要根据其生长发育的特点，选择适宜的耐力训练手段和方法。运动员的耐力训练应遵循以下几项基本原则：

第一，从实战出发原则。在进行耐力训练时，必须处理好比赛和训练之间的关系，把握好实战要素和训练要素之间的和谐统一。

第二，适宜时机提高专项耐力原则。在进行常规的耐力训练的同时，还要把握适宜的时机进行专项耐力训练。

第三，周期性原则。科学、合理的耐力训练，其过程会呈现出鲜明的周期性特征。

第四，一致性和协调性原则。大学生的耐力训练要与取得发展耐力运动成绩要素之间形成统一的目标，做到相互协调。

第五，针对性和持续性原则。耐力训练要有明确的目的，并具有系统连贯性。

第六，循序渐进原则。在进行耐力训练时，训练负荷的增加要做到循序渐进，不能突然加大，以防止运动伤害事故的发生。

第七，持久训练控制原则。在发展大学生耐力素质的过程中，必须不间断和高效率地控制训练的全过程。

（二）注意有氧耐力训练和无氧耐力训练相结合

在机体代谢的过程中，机体的有氧耐力和无氧耐力之间有着密切的关系。其中，有氧耐力是无氧耐力发展的基础。通过有氧耐力训练，运动员的心脏体积增大，每搏输出量提高，从而为无氧耐力的发展打下坚实的基础。在进行有氧训练的过程中，合理穿插一些无氧耐力训练，可以有效改善运动员的呼吸能力和循环系统的功能，在增强机体输送氧气能力的同时，大大提高其有氧耐力水平。由此可以看出，机体有氧耐力和无氧耐力之间能够相互联系和促进。所以，耐力训练要注意两者的结合，至于有氧耐力训练和无氧耐力训练之间的比例，应视实际情况而定。

（三）注意呼吸问题

运动员在进行耐力训练时，正确的呼吸节奏是有效摄取耐力训练时自身所需氧气的关键。在训练过程中，当运动员进行中等负荷耐力训练时，机体的每分钟耗氧量与氧供给量之间会出现一种不平衡的现象；如果是大负荷训练，这种不平衡就会表现得更加明显。氧的摄取是通过提高呼吸频率和加大呼吸深度而实现的，运动员在耐力训练中应将以加大呼吸深度为主的供氧能力发展作为着重学习目标。同时，还应注意强调呼吸节奏与动作节奏配合的一致性，使呼吸与动作协调。

（四）注意项目特点

运动员在运动过程中，由于运动方法不同，其增进各种能量系统的作用也会出现差异。因此，在训练时，必须根据项目的特点和需要，选择合适的训练内容、方法和手段，以达到理想的训练效果。而在同一项目的不同训练周期中，耐力训练也有着特定要求，多是按照一般耐力、专项耐力基础和专项耐力的阶段划分来进行训练的。

（五）有意识地培养意志品质

意志品质在运动员耐力素质提高的过程中起到了至关重要的作用。这是机体产生的一种心理内驱力，在身体承受运动极限的同时，用坚毅的品质作为内在驱动力而继续前行。因此，在耐力训练过程中，运动员既要注意承受的生理负荷，又要对意志品质的培养给予足够的重视。

（六）注意耐力素质训练中的医务监督

一般情况下，如果耐力素质训练的时间较长，运动负荷较大，那么对机体各个系统的影响也就较大。如果运动员在健康水平不佳或者机能能力有障碍的情况下进行大负荷的耐力训练，就容易对身体各系统的功能造成严重的损害。

因此，在进行耐力训练时，要加强医务监督，这是避免训练伤害事故发生的必要手段。在耐力训练中，医务监督包括训练前的机能评定和训练时运动员对负荷安排的承受情况。机能评定主要包括血压、心率情况以及运动员的自我感觉等，而训练时运动员对负荷安排的承受情况是指运动员重复动作的变异程度、运动员训练时的面部表情等。运动员在进行耐力训练时，一旦出现异常情况，应立即减量或中止训练，以避免伤害事故的发生。

第七章　高校体育运动训练实践

第一节　高校体育篮球运动训练

高校体育中的篮球运动训练是一个有组织、有规划，使学生掌握篮球基本理论、基本技术和基本技能，提高和保持运动水平的教育过程。在这个过程中，教师起主导作用。

一、篮球运动的技术训练

（一）篮球运动的移动

移动，是篮球攻防技术运用的基础。移动技术是队员在比赛中为了改变速度、方向和高度所采用的各种脚步动作方法的总称。在篮球比赛中，各种攻防技术动作的完成与运用，都需要脚步动作的配合。在比赛中，需要根据实际情况快速移动，合理运用各种脚步动作，在有限的地面与空间争取掌握攻防的主动权。在篮球技术教学与训练中，移动技术的教学与训练是极其重要的。

移动技术教学包括起动、跑、跳、急停、转身、滑步等的教学。移动技术教学应遵循先易后难、先攻后守的顺序。移动技术的教学步骤是：首先让学生在原地练习，体会动作方法和难点；其次，让学生在跑动中学习、掌握正确的动作方法；最后，在学生掌握各种移动技术之后，结合一对一的攻守对抗练习，培养其运用移动技术的意识，提高其运用移动技术的能力。

1.起动

起动是队员在球场上由静止状态变为运动状态的一种动作，是获得位移初速度的方法。突然、快速的起动既是进攻队员摆脱防守的有效方法之一，也是防守队员抢占有利位置，防住对手的有效方法之一。

动作要点：从基本站立姿势开始，学生在向前起动时，上体前倾，重心迅速前移，后脚前脚掌用力蹬地，结合手臂协调摆动，向前迈出第一步，起动后的前三步步幅要小而快。在向侧起动跑时，异侧脚前脚掌内侧蹬地，同时上体迅速前倾或侧转向跑的方向移动重心，手臂协调地摆动，充分利用蹬地的反作用力迅速向要跑的方向跑动。

2.跑

跑是为了完成攻守任务而争取时间的脚步动作，具有快速、突然、多变等特点。比赛中常用的跑有以下几种形式：

（1）变速跑

变速跑是一种典型的利用节奏变化快速突破防守的移动步法，是队员跑动中利用速度的变换争取主动的一种方法。

动作要点：在加速跑时，两脚要短促而有力地连续蹬地，同时上体稍向前倾，加快跑的频率；在减速跑时，前脚掌用力抵地来减缓前冲力，同时上体直起，保证身体重心后移。

（2）后退跑

后退跑是队员在球场上背对前进方向的一种跑动方法，是队员在由攻转守时为了观察场上情况而采用的一种跑步方法。

动作要点：在后退跑时，两脚提踵，用前脚掌交替蹬地提膝向后跑动，此时上体放松直起，两臂屈肘相应摆动，保持身体平衡，两眼平视场上情况。

（3）变向跑

变向跑是队员在跑动中利用突然改变方向完成攻守任务的一种方法。变向跑与变向后的快速跑结合运用，可以甩开防守，达到接球、抢位的进攻目的。

动作要点：在跑动中，当向左变向时，右脚前脚掌落地（脚尖稍向左转），并且用前脚掌内侧用力蹬地，屈膝，腰部随之左转，上体向左前倾，快速移动重心，左脚向左前方跨出，然后加速前进；当向右变向时，动作则相反。

（4）侧身跑

侧身跑是上体侧向跑动方向，脚尖对着跑动方向的一种跑动方法。它是队员在向前跑动中为了观察球场上的情况，摆脱防守接侧向传来的球经常采用的一种跑动方法。

动作要点：在向前快速跑动时，头和上体向球侧转，两脚尖要朝着移动方向，既要保持奔跑速度，又要完成攻守动作。比如，在做切入时，面向球侧肩转体，用肩压住防守队员接球或护球，加速超越防守。

3.跳

所谓跳，是在球场上争取高度、远度的一种动作方法。跳的方式一般有两种，分别是双脚起跳和单脚起跳。

（1）双脚起跳

动作要点：在起跳时，两膝弯曲降低重心，上体前倾，两脚用力蹬地，伸膝、提腰，两臂迅速向前上摆，使身体向上腾起；然后上体在空中自然伸展，收腰，下肢放松。在落地时，前脚掌先着地，并屈膝缓冲身体下落的重力，保持身体平衡，以便进行下一个动作。双脚起跳一般在原地运用，也可以在上步、并步、跳步和助跑的情况下运用。

（2）单脚起跳

动作要点：在起跳时，起跳腿微屈前送，脚跟先着地，并迅速屈膝过渡到前脚掌用力蹬地，同时提腰摆臂；另一腿快速屈膝上提，当身体达到最高点时，摆动腿自然伸直与起跳腿合并。在落地时，双脚要稍分开，注意屈膝缓冲，以便接下来做其他动作。单脚起跳一般在助跑的情况下运用。

4.急停

急停是队员在跑动中突然制动的一种动作方法，它也是各种脚步动作衔接和变化的过渡动作。急停的动作主要有两种，分别是跨步急停和跳步急停。

（1）跨步急停（两步急停）

动作要点：在快速跑动中跨步急停时，第一步跨出要稍大，用脚外侧着地，屈膝，同时上体稍后仰，重心后移。然后再跨出第二步，当脚着地时脚尖稍向内转，用前脚掌内侧蹬地，两膝弯曲，身体稍有侧转，微向前倾，重心移至两脚之间，两臂屈肘并自然张开，帮助控制身体平衡。

（2）跳步急停（一步急停）

动作要点：队员在慢跑时，用单脚或双脚起跳（一般离地面不高），上体稍微后倾，两脚同时落地，约与肩同宽，前脚掌用力抵地，屈膝降重心，重心落在两腿之间，两臂屈肘微张以保持身体平衡。

5.转身

转身是队员在一脚蹬地向前或向后跨步时，另一脚作中枢脚进行旋转而改变身体方向的一种动作方法。

动作要点：在转身时，重心移向中枢脚，另一只脚的前脚掌蹬地，同时中枢脚以前脚掌转轴用力碾地，上体随着移动脚转动，以肩带腰向前或向后改变身体方向，转身后重心要转移到两脚之间。

转身可以分为前转身和后转身。前转身是移动脚蹬地在中枢脚前方（身前）进行弧形移动。后转身是移动脚蹬地在中枢脚后方（身后）进行弧形移动。

6.滑步

滑步是防守队员移动的主要动作方法。它有助于队员保持身体平衡，有助于队员向任何方向移动。滑步可分为侧滑步、前滑步和后滑步三种。

（1）侧滑步

动作要点：从基本站立姿势开始，两脚平行站立，两膝较深弯曲，上体微向前倾，两臂侧伸，身体不要上下起伏，重心保持在两脚之间，眼要注视对手。当向左滑步时，右脚前脚掌内侧蹬地的同时，左脚向左侧跨出，左脚落地，右脚向左脚靠拢半步落地，腰胯用力，保持低重心的水平移动；当向右滑步时，动作方法相同，移动方向相反。

（2）前滑步

动作要点：两脚前后站立，后脚的前脚掌内侧蹬地，在前脚向前跨出一小步的同时，后脚前脚掌内侧用力蹬地向前滑动并保持身体前后开立姿势。前脚同侧臂上举，另一臂侧向张开。

（3）后滑步

动作要点：后滑步的动作与前滑步相同，只是移动方向相反。

（二）篮球运动的传接球

首先，教师可通过讲解与示范使学生初步掌握原地传接球的动作方法；其次，教师可进行移动传接球的教学，并与其他技术相结合；最后，教师可让学生在防守情况下进行练习，从而达到提高其实战运用能力的目的。

1.传球技术动作

（1）双手胸前传球

双手胸前传球是篮球运动中一种基本、常用的传球方法，运用这种方法传出的球迅速有力、到位率高、方向准确，可在不同方向、不同距离中运用，而且便于和投篮、突破等动作结合运用。

动作要点：两手手指自然分开，拇指相对呈"八"字形，用指根以上部位持球，掌心空出，两肘自然弯曲于体侧，并将球置于胸腹之间的部位，身体呈基本姿势站立。在传球时，脚趾发力，后脚前脚掌蹬地，身体重心前移的同时前臂迅速向传球方向伸出，拇指用力拨球，手腕前屈，食指和中指用力拨球并将球传出。当球出手后身体迅速调整成基本站立姿势。传球距离近，前臂前伸的幅度就相对较小。当远距离传球时，需要加大蹬地、伸臂和腰腹的协调力度。传球距离越远，蹬地、伸臂的动作速度越快。

（2）单手肩上传球

单手肩上传球是单手传球的一种基本方法。这种传球力量大，出球方向多，速度快，常用于中远距离传球，在发动长传快攻时运用较多。

动作要点：当右手传球时，左脚向传球方向迈出半步，右手托球，同时将球引到右肩上方，肘部外展，上臂与地面近似平行，手腕后仰；左肩对着传球方向，重心落在右脚上，右脚蹬地，向左扭腰转肩，带动右前臂迅速向前挥摆，并扣腕拨球，通过食指、中指用力拨球并将球传出，要有明显的屈腕鞭打动作。在球出手后，右脚随着身体重心前移，保持基本站立姿势。

（3）单手体侧传球

单手体侧传球是一种近距离隐蔽传球的方法，主要是在近距离的外线队员向内线队员传球时运用，与跨步、突破等假动作结合运用效果较好。

动作要点：两脚开立，双手持球于胸前。当右手传球时，左脚向左侧前方跨步的同时将球引至身体右侧呈右手单手持球，出球前的一刹那，持球手的拇指在上，手心向前，手腕后屈；手臂向前做弧线摆动，手腕前屈，用食指、中指的力量将球拨出，出球部位在体侧。

2.接球技术动作

接球是篮球运动中的重要技术动作之一，是获得球的动作，也是抢篮板球和断球的基础，其目的是获得球和控制球。在激烈的比赛中，接球也是衔接运球、投篮、传球等技术动作的关键。接球技术动作主要分为双手接球和单手接球两种。

（1）双手接球

双手接球是一种基本的接球方法，也是在篮球比赛中运用最多的动作之一。

动作要点：在接球时，两眼注视来球，两臂伸出迎球，手指自然分开，两拇指相对呈"八"字形，掌心斜向前呈半圆形，以掌外侧小拇指一侧斜对球；当手指触球时，两臂随球后引缓冲来球的力量，两手握球于胸腹之间；然后保持身体平衡，做好传球、投篮、突破等的准备。

（2）单手接球

单手接球控制范围大，能接不同方向的来球，特别是在接高空球和距身体较远的来球时有较大优势。但是单手接球不如双手接球牢稳，因此在一般情况下应尽量用双手接球。

动作要点：如用右手接球，右脚向来球方向迈出，两眼注视来球，五指自然分开，掌腕微屈成勺形，接球臂向来球方向伸出；当球触手指时，手臂顺势随球下引并向内收，另一手迅速跟上护球；双手将球拉至胸腹之间，保持持球姿势。

（三）篮球运动的运球

运球，是指学生用手连续按拍从地面反弹起来的球的动作过程。学生的运球水平在一定程度上反映了其控制球和支配球的能力。娴熟的运球不仅是个人摆脱、突破防守的进攻手段，也是全队战术配合的桥梁，并且对于发动快攻、突破紧逼防守等都起着重要作用。运球的最终目的是争取时间和创造战机，因此在训练和教学过程中，教师在教给学生运球技术的同时，还应教会学生如何恰当地选择运球的时机。

教师一般应教高运球、低运球、运球急停急起、体前变向运球、运球转身、背后运球等动作。

1.高运球

高运球通常在没有防守队员时运用，行进速度较均匀，简单易学。

高运球的特点是球反弹较高，便于队员观察场上情况。

动作要点：在运球时两腿微屈，上体稍前倾，目平视；以肘关节为轴，前臂自然屈伸，手腕和手指柔和而有力地按拍球的后上方，用指根及指腹部位触球，食指向前。球的落点应控制在运球手同侧脚的外侧前方，使球的反弹高度在胸腹之间，手、脚协调配合。当快速运球行进时手触球的部位要向后移，用力要稍加大，球的落点离脚要远些。

2.低运球

低运球是一种反弹高度低、按拍频率快、便于保护球的动作方法，常用于摆脱防守干扰、摆脱防守的抢截或突破防守时。

动作要点：当右手运球时，弯腰使身体稍微前倾，双腿弯曲使重心降低落在两脚之间，右手屈腕用力，触球手指和指根快速地按拍球的后上方，球反弹的高度应控制在膝关节处。

3.运球急停急起

运球急停急起是在对方防守较紧时利用速度的变化摆脱对手的技术动作。

动作要点：在快速运球中突然急停，使身体重心下降，手按拍球的前上方，使球停止向前运行；目视前方，两脚用力蹬地，上体迅速前倾起动，同时手按拍球的后侧上方，人、球同步快速前进。

4.体前变向运球

体前变向运球是在快速运球推进中运用的技术动作，当对手堵截运球前进的路线时，突然向左或向右改变运球方向，从而摆脱对方防守。

动作要点：以右手运球为例，在运球队员从防守队员左侧变向突破时先向其右侧做变向运球假动作，当对手移动堵截运球时突然用右手按拍球的右侧后上方，使球经自己体前向左侧前方反弹；左脚迅速随球向左侧前方跨步，上体同时向左扭转，身体重心要降低，侧肩贴近防守者，将球压低；当球反弹至腹部高度时右脚蹬地迅速前迈，左手拍球的后侧上方，超越防守。

5.运球转身

当防守队员采用紧逼防守，离运球队员距离较近时，可用运球转身来突破防守。

动作要点：当对手逼近不能用体前变向运球突破，而且距离又较近时，迅速上左脚，微屈膝，重心移至左脚，并以左脚前脚掌作转轴向后转身，右手将球拉至身体的后侧方，并按拍球使其落在身体的外侧方，然后换左手运球，加速超越防守。

6.背后运球

当对手堵截运球一侧，距离较近，不便于运用体前变向运球时，可采用背后运球，改变方向突破防守。

动作要点：在跑动中由背后向左变向时，右脚向侧前方跨出，右手拍球的前上方，将球按拉到身后；当球反弹至身后腰部高度时，右手直臂按拍球的右侧后上方，使球向左脚的侧前方落地，随即迈左脚，球反弹后换左手继续向前推拍球，加速超越防守。

（四）篮球运动的投篮

投篮，是进攻队员将球投入对方球篮筐而采用的各种专门动作方法的总称。投篮是篮球比赛中唯一的得分手段，投篮得分的多少直接决定比赛的胜负，而一切进攻技术运用的最终目的都是创造更多、更好的投篮机会。因此，投篮是整个篮球技术体系的核心，掌握投篮技术，不断提高投篮命中率，对于学习篮球运动技术具有十分重要的意义。

教师可先教原地投篮，再教行进间投篮、跳起投篮、扣篮、补篮等；然后，通过讲解、示范，使学生建立完整、正确的投篮技术概念，掌握正确、规范的投篮手法以形成技术动作定型；待学生掌握了基本手法和步法后，逐渐增加练习的次数、距离、难度、强度、密度等，从而帮助学生提高在攻守对抗条件下的投篮命中率。

决定投篮命中率的因素很多，包括心理因素、技术因素以及外界因素等，各因素相互联系和相互影响。要想做好投篮动作，需要协调好身体各部分，确保技术环节连贯正确，并有好的心理素质。

投篮主要分为以下几种：

1.原地投篮

（1）原地单手肩上投篮

原地单手肩上投篮是行进间投篮和跳起投篮技术的基础，是比赛中常用的投篮方法之一。它具有出手点高、便于结合其他动作、不易被封盖等优点，因此在篮球比赛中被广泛使用。

动作要点：以右手投篮为例，双手持球于胸前，肘关节自然下垂，两脚前后或左右开立，两膝微屈，重心落在两脚之间，屈肘，手腕后仰，掌心向上，五指自然分开，持球于右眼前上方，左手扶球侧，上体放松并稍后倾，目视瞄篮点；在投篮时，下肢蹬地发力，上肢随着蹬地向前上方伸臂，两手腕同时外翻，手腕前屈，拇指用力拨球，使球通过食、中指端将球投出；当球出手时，身体随投篮出手方向伸展。

（2）原地双手胸前投篮

原地双手胸前投篮是篮球运动中较早运用的投篮方法之一，这种投篮方法易于跟其他技术结合，有助于充分发挥队员全身的力量，适用于中远距离。女性运动员运用这种投篮技术的较多。

动作要点：两手持球于胸前，手指自然分开，拇指相对呈"八"字形，用指根以上部位握球的两侧后下方，手心空出，两臂自然屈肘，肘关节下垂，两脚前后或左右开立，两膝微屈，重心落在两脚上，眼睛注视瞄准点；在投篮时，下肢蹬地发力，两臂向前上方伸直，前臂内旋，拇指下压，手腕前屈，食指、中指用力拨球，通过指端将球投出；当球出手时，身体随投篮出手方向自然伸展，脚跟微提起。

2.行进间投篮

（1）行进间单手肩上投篮

行进间单手肩上投篮是篮球比赛中广泛应用的一种投篮方法，一般在快攻或突破篮下时运用，也称为跑动中投篮。行进间单手肩上投篮的优点是出手点高，易用身体保护好球。

动作要点：以右手投篮为例，在快速运球或跑动中，右脚向前跨出一大步的同时接球，左脚迅速跟上跨出一小步并用全脚掌着地，迅速过渡到前脚掌起跳，右腿屈膝上抬，两手持球上举至肩上头侧，腾空后，右臂向前上方伸展，腕、指动作与原地单手投篮相同；在篮球出手后，两脚同时落地，两腿弯曲，以缓冲落地的力量。

（2）行进间单手低手投篮

行进间单手低手投篮的投篮动作多在快速跑动中超越对手并接近篮下时运用，具有速度快、伸展距离远的特点。

动作要点：以右手投篮为例，右脚跨出一大步的同时接球，左脚接着跨出一小步并用力蹬地起跳，右腿屈膝上提，双手向前上方举球；当身体接近最高点时，左手离球，右手外旋，掌心向上，托球，并充分向球篮的上方伸直，接着屈腕，食指、中指用力拨球，通过指端将球投出。

3.跳起投篮

跳起投篮，简称跳投，具有迅速、出球点高和不易防守的优点，可与传球、运球突破等动作结合，可在原地投篮、行进间急停或背对球篮接球后转身等情况下运用。

动作要点：以右手投篮为例，两手持球于胸前，两脚左右或前后开立，两膝微屈，重心落在两脚之间；在起跳时两膝适当弯曲，接着前脚掌蹬地发力，向上迅速摆臂举球并起跳，双手举球于肩上或头上，左手扶球左侧；当身体接近最高点时，左手离球，右臂向前上方伸展，手腕前屈，食指、中指拨球，通过指端将球投出。

4.扣篮

扣篮是直接将球由上向下灌入篮内的一种投篮方法，是篮球比赛中一种常见的得分方式。在扣篮时，投篮出手点接近球篮又高于球篮，有最佳的入射角，所以无须考虑抛物线这一因素。在高水平篮球比赛中，比赛双方扣篮得分所占的比例越来越大，扣篮方式也随之多样化，有原地扣、行进间扣、单手扣、双手扣、凌空接扣等。由于扣篮是直接将球由上向下灌入篮圈，因此有出手点高、球速快、攻击性强、难封盖、准确性高等特点，但也是难度较大的投篮方法，队员必须有很好的身体素质，特别是弹跳力和控制球的能力要强。

下面，笔者具体论述两种扣篮方式：

（1）行进间单脚起跳单手扣篮

动作要点：以右手为例，行进间右脚跨出的同时接球，紧接左脚迈出一小步制动并用力蹬地向上跳起，上体充分伸展，高举手臂将球举至最高点，当球超过篮圈的高度并有适宜的入射角时，屈腕将球自上而下地扣入篮圈中；在球离手后要特别注意对身体的控制，落地屈膝缓冲。

（2）行进间单脚起跳双手扣篮

动作要点：双手持球，双脚用力蹬地向上跳起，同时将球上举，充分伸展身体，双手举球至最高点，当球举过篮圈高度时，双手屈腕，将球自上而下扣入篮圈；在球离手后注意控制好身体平衡，落地屈膝缓冲。

5.补篮

补篮是指在投篮未中，球刚从篮圈或篮板弹出时，队员在空中运用单手或双手将球托入或拨入篮圈的投篮动作。补篮是一种无明显持球动作直接用力投篮的方式。在补篮时，队员应根据腾空后人、球、篮的相对位置、高度、角度以及防守情况，灵活地选择补篮的方法。

（1）单手补篮

动作要点：以右手为例，当球从篮圈或篮板反弹时，队员要准确地判断球的反弹方向，及时起跳，手臂向球的方向伸出，当跳至最高点，手臂接触球的一刹那，在空中用手指手腕的力量将球投入篮圈。

（2）双手补篮

球反弹在队员头的正上方时，多采用双手补篮。

动作要点：起跳后，在双手触球时用拨球的方式将球投向篮圈，其他动作与单手补篮基本相同。

（五）篮球运动的抢篮板球

篮球比赛中双方队员在空中争抢投篮未中的球称为抢篮板球。抢篮板球分为抢进攻篮板球和抢防守篮板球。当进攻队投篮未中，进攻队员争抢在空中的球时，称为抢进攻篮板球或前场篮板球。进攻队投篮未中，防守队员争抢在空中的球，称为抢防守篮板球或后场篮板球。篮板球的争夺是攻守转换的关键，是增加进攻次数的有力保证，它对比赛的胜负起着至关重要的作用。

抢篮板球技术动作的顺序是：移动，抢占位置，判断起跳，抢球。教师要先让学生明确抢篮板球的重要性，在进行抢篮板球技术训练中要注意培养学生勇猛顽强的战斗作风和积极拼抢的意识，使学生养成每投必抢的习惯。教师可进行分解教学，让学生先练习原地起跳、抢球，再练习移动抢位、挡人、起跳抢篮板球的完整技术动作，并逐渐加大难度。最后，教师可让学生在对抗条件下进行抢篮板球练习。学生在掌握投篮不中时球的反弹、落点规律的基础上，要提高抢进攻篮板球时的冲抢意识和抢防守篮板球时的挡抢意识。

抢进攻篮板球是进攻队的一个重要进攻环节，是争取继续控球权的重要手段，也是争取获胜的主要途径之一。进攻队员在抢篮板球时一般处于防守队员的外侧，需要移动和摆脱对手，因此抢进攻篮板球要突出一个"冲"字。

动作要点：篮下进攻队员抢篮板球，当队友投篮的时候，靠近球篮的进攻队员要及时判断球的反弹方向，然后先向相反方向的侧前方跨步，做身体虚晃的假动作，诱开身前的防守队员，利用绕跨步挤到对手的前面或侧前面，抢占有利位置，借助跨步或助跑起跳，至最高点补篮或抢篮板球。处于外线位置的队员抢篮板球，当队友投篮时，如进攻队员面向球篮，则首先要观察判断球的反弹方向、速度和落点，突然起动冲向球反弹方向进行补篮或抢获篮板球。以从防守人身后左侧冲抢为例，当进攻队员面向球篮时，右脚向右侧跨步，向右侧做假动作，随后以左脚为支撑脚，右脚向左跨出一小步，重心移至左脚，同时右脚立即向前跨步绕前，挤靠防守人，跳起抢篮板球或补篮。

总之，进攻队员抢篮板球要准确判断时机，适时绕步冲阻，及时起跳，补篮或组织第二次进攻。

（六）篮球运动的持球突破

持球突破是持球队员运用脚步动作和运球技术快速超越对手的一项攻击性很强的技术。良好的突破技术能打乱对方的防守部署，创造更多的攻击机会，若能巧妙地与投篮、传球假动作等结合起来，可使进攻战术更加灵活、机动。因此，在持球突破技术的教学和训练过程中，教师不仅要教给学生规范的技术动作，而且要着重培养学生的突破意识和临场观察判断能力。

在持球突破技术教学中，教师应先教交叉步持球突破，再教同侧步持球突破，避免学生混淆两种突破方法。在具体教学中，教师可先通过形象的讲解、正确的示范，使学生建立正确的动作概念，掌握动作的主要环节。持球突破技术教学应遵循由易到难、由简到繁的原则，先让学生学单个技术动作，再让学生学组合技术动作，最后让学生在消极防守和积极防守中学会运用。在练习中，学生应学会两脚都能作中枢脚，避免带球走步。

1.交叉步持球突破

交叉步持球突破是在离防守队员较近时采用的方法，因为交叉步持球突破能更好地护球，也可减少走步违例。初学者较多运用交叉步持球突破。

动作要点：以左脚为中枢脚的情况为例，在突破前，两脚左右开立与肩同宽，两膝微屈，重心控制在两腿之间，持球于胸腹之间。在突破时，右脚前脚掌内侧迅速蹬地，将重心移至左脚，同时向左前方跨步，上体左转探肩，将球引于左侧；在左脚离地前用左手推球于防守者的右侧，同时左脚全力蹬地，加速超越防守队员。若在突破中能有机结合假投篮、虚晃、假传球等假动作，成功率更高。

2.同侧步持球突破

同侧步持球突破，一般在离防守队员较近，防守队员失去身体重心，尤其是向一侧失去重心过多时运用。

动作要点：以左脚为中枢脚的情况为例，在突破前，两脚左右开立稍大于肩，两膝微屈，重心控制在两腿之间，持球于胸腹前。在突破时，左脚掌内侧蹬地，右脚迅速向防守队员左侧方迈出，脚尖向前，上体稍右转，同时探肩，重心前移，在左脚离地前，用右手推拍球于迈出脚的侧前方，左脚迅速蹬地并向右前方跨出，加速运球超越对手。

（七）篮球运动的防守技术

防守技术，是防守队员为阻挠和破坏对手的进攻，合理运用脚步移动和手臂动作，积极抢占有利位置，以达到争夺、控制球权的目的所采用的各种专门动作方法的总称。现代篮球比赛中特别强调攻守平衡。

防守队员要积极抢占合理的位置，干扰、破坏对手的进攻行为，争夺控制球权，同时，还要想方设法破坏对方的战术配合和降低对方的进攻速度。个人防守技术是集体防守战术配合的基础。因此，必须高度重视个人防守技术的教学训练，促进队员防守和进攻技战术的全面提高。

1.抢防守篮板球

防守队员抢篮板球要突出一个"挡"字，利用自己占据篮下或内侧位置挡抢篮板球。篮下队员抢篮板球，当进攻队员投篮时，应根据对手移动的情况和位置运用上步、撤步和转身等动作把进攻队员挡在后，并抢占有利位置。此时，因距离篮较近，攻守距离也近，可采用后转身挡人。在挡人抢位时应降低重心，两肘外展，抢占空间面积，保持最有力的起跳姿势。挡人主要是为了延误对手抢位起跳，所以转身挡人动作完成后，应迅速起跳抢篮板球。此外，也可以适时合理地运用直接冲抢篮板球的方法，获球后最好能在空中将球传给队友，完成发动快攻的第一传；如没有机会，落地后应侧对前场，观察情况，迅速传球发动快攻或运球突破摆脱防守后及时将球传给队友，要充分发挥篮板球的攻击作用，不能只是消极地保护球。

2.防守持球队员

防守持球队员的主要任务是尽力干扰和破坏其投篮，堵截其运球突破，封锁其助攻传球，并积极地运用抢、打、断的技术，从而达到控制球权的目的。

在防守持球队员时，防守队员应站在对手与球篮之间，使对方、自己和球篮保持在一条直线上。对于防守距离，一般来讲，离篮远则远，离篮近则近；防守队员还应根据对手的进攻技术特点以及防守战术等适时调整防守距离。

由于场上的情况是千变万化的，在防守时，防守队员应根据持球队员的进攻特点、意图及球篮距离等调整技术动作。

从脚步动作来讲，通常防守持球队员有以下两种防守方法：

（1）平步防守

平步防守是指防守队员在防守时两脚平行站立，两手臂侧伸不停挥摆的防守方法。这种方法防守面积大，攻击性强，便于向左右移动，适合于贴身防守运球突破。在对手运球停止时，封堵传球以及进行夹击防守配合均可运用平步防守。

（2）斜步防守

斜步防守是指防守队员在防守时两脚斜前站立，前脚的同侧手臂上伸，另一臂侧伸，两膝弯曲，降低重心的防守方法。这种方法便于前后移动，对防投篮比较有利。

不论采用什么防守方法，防守队员都要积极移动，当对方持球或运球突破时，应迅速后撤堵截其突破路线，迫使对手处于被动；当对手做各种假动作时，要判断真假，不要被其迷惑而失去合理的防守位置；当对手投篮时，要准确地判断其起跳时间，及时起跳进行封盖。

3.防守无球队员

在篮球比赛中，防守队员绝大部分时间是防守无球队员。防守无球队员的主要任务是不让对手在有效攻击区内顺利接球，随时准备抢断传向自己对手或穿越自己防区的球，并快速进行反击。

防守无球队员时，应注意以下几点：

（1）防守位置

正确占据有利的防守位置，是防守成功的重要条件。选择防守位置要做到球、人、区兼顾。也就是说，防守队员要根据对手、球篮和球的位置、距离，以及对手的身高、速度、进攻特点、战术和自身防守能力来选择防守的位置和距离，一般选择对手与球篮之间偏向有球一侧的位置。

（2）防守姿势

正确的防守姿势能保证扩大控制面积并及时向不同方向移动。防守姿势的选择与对手和球的距离远近有关。

根据防守的位置与距离，防守姿势有强侧防守姿势和弱侧防守姿势。

强侧防守姿势是指在防守距离球较近的对手时，队员经常采用的面向对手、侧向球的斜前站立姿势。

动作要点：靠近球侧的脚在前，屈膝，重心在两脚之间，便于随时起动，堵截对手摆脱防守后移动接球的路线；伸右侧手臂，拇指朝下，掌心向球，封锁传球路线，干扰对手接球。

弱侧防守姿势是指在防守距离球较远的对手时，防守队员为了便于人球兼顾和协防，经常采用的面向球、侧向对手的站立姿势。

动作要点：两脚开立，两腿稍屈，两臂伸于体侧，掌心向着球的方向，密切观察球、人的动向，并随球或人的移动而不断通过滑步调整自己的防守位置。

（3）脚步动作

在防守时，防守队员要根据球和人的移动，合理地运用脚步动作来保证及时占据有利的防守位置，争取主动。

动作要点：在与对手发生对抗时，重心下降，双脚用力蹬地，两腿弯曲，扩大站位面积，上体保持适宜紧张度，在发生身体接触瞬间提前发力，主动对抗；合理使用手臂动作干扰对手视线，以扩大防守空间，并保持身体平衡，以便快速移动，抢占有利位置。

二、篮球运动的战术训练

（一）篮球运动的进攻战术训练

进攻战术基础配合是在篮球比赛中，进攻队员两三人之间有目的、有组织、相互协同行动的配合方法。进攻战术基础配合包括传切配合、掩护配合、突分配合等。

进攻战术基础配合的训练应安排在基本技术训练之后、防守战术基础配合之前进行。对于进攻战术基础配合的训练，教师应首先通过讲解和演示使学生明确基础配合的概念、配合方法、移动路线、运用的时机、行动的顺序等。

在进攻战术基础配合训练中，教师应抓住重点教材中的重点部分，以点带面。传切配合重点强调如何摆脱对手及传球技术运用。掩护配合重点强调掩护动作、距离、位置、角度和掩护后的转身及移动方向。突分配合重点强调突破分球时机的掌握、传球方法及切入队员的路线。教师可让学生在固定条件下练习配合的方法、路线、时机等，然后再设置假设的对手或标志物，让学生进行以简单对抗条件为背景的练习。教师应加强训练组织管理，严格要求每个重要训练环节，提高学生的战术意识，注重学生合作意识的培养与配合的质量，从而为其学习整体战术配合打好基础。

1.传切配合

传切配合是一种基本的简单易行的进攻方法，一般在对方采用扩大盯人防守战术或区域联防时运用。传切配合包括一传一切配合和空切配合。传切配合具有配合简洁、突然、攻击性强等特点。

（1）传切配合的方式

第一，一传一切配合：持球队员在传球后，利用起动速度或假动作摆脱防守，向篮下切入接回队友传球并投篮的配合。

第二，空切配合：无球队员掌握时机摆脱对手，切向防守空隙区域接球投篮或做其他进攻的配合。

（2）传切配合的要求

第一，必须有一定的配合空间及合理的切入路线。

第二，切入队员首先要掌握好切入时机，抓住防守队员换位不及时或注意力分散的空隙，快速起动，或利用假动作摆脱对手。

第三，传球队员的传球要隐蔽、及时、准确。

（3）传切配合的练习

传切配合的练习应循序渐进，依次进行下列练习：

第一，练习假动作摆脱防守，判断摆脱防守的时机。

第二，练习传球的时机与准确性，增加配合的默契程度。

第三，进行横切、纵切、空切配合的综合练习。

2.掩护配合

掩护配合是指进攻队员选择合理的位置，用自己的身体以合理的技术，挡住队友防守者的移动路线，使队友得以摆脱防守，或利用队友的身体和位置使自己摆脱防守而获得进攻机会的一种配合方法。

（1）掩护配合的方式

掩护配合有多种方式，根据掩护者和被掩护者身体位置的不同，掩护配合有前掩护配合、侧掩护配合和后掩护配合三种。前掩护配合是掩护队员站在队友防守者的前面，用身体挡住防守者向前移动的路线，使队友借机摆脱防守接球进行攻击的一种掩护方式。侧掩护配合是指掩护队员站在队友防守者的侧面，用身体挡住防守者的移动路线，使队友得以摆脱防守的一种掩护方式。后掩护配合就是前锋为后卫做后掩护的方法。

除此之外，根据掩护者的移动路线、方法和变化的不同，掩护配合还有反掩护配合、假掩护配合、运球掩护配合、定位掩护配合和连续掩护配合等。

（2）掩护配合的要求

第一，掩护者应选择正确的掩护位置和动作。在掩护的一刹那，掩护队员身体是静止的，并与对方队员保持适当的距离，两脚平行开立，两膝微屈，上体微前倾，两臂屈肘放于体侧或交叉放于胸前，这有利于自我保护和攻守对抗。同时掩护要符合相关规定，不能有推、拉、顶等违规动作。掩护者在与对方队员发生身体接触时不能再用跨步等动作去阻挡对方队员。

第二，在掩护时队友之间的配合时机非常重要，过早或过迟的行动都会使掩护失败。在掩护时队员配合要默契，被掩护的队员要配合掩护队员，运用假动作吸引对方。当队友到达掩护位置时，摆脱对手的动作要突然、快速。

第三，在掩护结束后，掩护队员要采用后转身动作挡住对手追赶其防守的队友，堵截其追赶路线，并伺机接球进攻或冲抢篮板球。

3.突分配合

突分配合是持球队员利用突破技术摆脱防守，当遇到其他防守队员补防造成防守部署被打乱时，迅速将球传给处于有利进攻位置的队友的一种配合方法。突分配合经常在对方采用人盯人防守或区域联防时运用，可打乱对方的整体防守部署，压缩防区，从而给队友创造外围投篮或篮下进攻的机会。

突分配合是队员持球从底线突破，在遇到对手补防时，及时传球给横插到有利位置的队友投篮的一种方式。

突分配合的要求如下：①突破前要首先观察场上的具体情况，当对方的防守部署利于突破时，要果断实施突破；②队员在突破时动作要快速、突然，要随时观察场上攻守队员位置的变化，及时准确传球；③当持球队员突破后，其他进攻队员要摆脱防守人员，离开原先的位置，切向空隙区域，准备接球进攻或抢篮板球。

（二）篮球运动的防守战术训练

防守战术基础配合是指两三名防守队员，为破坏对方的进攻配合，或当队友防守出现困难时，及时互相协作防守的方法。防守战术基础配合包穿过配合、绕过配合、关门配合、交换防守配合、挤过配合等。

1.穿过配合

穿过配合是破坏掩护配合及时防住自己对手的一种配合。当进攻方进行掩护时，掩护队员的防守者要及时提醒队友并主动向后撤一步，让队友及时从自己和掩护队员之间穿过，以便继续防住各自的对手。

2.绕过配合

绕过配合是指破坏对方掩护配合及时防守自己对手的一种配合。当进攻方进行掩护时，防守队员要及时提醒自己的队员，并主动贴近对手，让队员以最快的速度、最短的距离从自己的身旁绕过，继续防住自己的对手。

3.关门配合

关门配合是指两名防守队员靠拢协同防守突破的一种配合方法，形同关门一样，将人堵在门外。

4.交换防守配合

交换防守配合是一种为了破坏对方的掩护配合，防守队员之间及时交换自己所防对手的一种配合方法。当进攻方进行掩护时，防守队员移动线路被阻，防守队员应及时与合适位置的队友交换防守对象。

5.挤过配合

挤过配合是指进攻方进行掩护时，防守队员在掩护队员接近自己的一刹那，迅速抢前横跨一步贴近自己的对手，并从两个进攻队员之间侧身挤过去，继续防守自己对手的一种配合方法。防守掩护队员的队友要及时呼应，并配合行动，以备补防。

第二节　高校体育足球运动训练

足球运动是以脚支配球为主体，在踢、运、停、顶、守门等基本技术的基础上两队互相攻防、对抗，以射门为目标，以射入球多少判定胜负的球类运动。高校开展足球运动，有助于培养大学生的顽强拼搏精神、团队精神，有助于陶冶大学生的情操，有助于提升大学生的体质健康水平。

一、足球运动的技术训练

（一）足球运动的控球

控球，指持球队员以脚的各个部位，通过拖、拨、扣、颠、推、挑等动作，将球置于自身控制范围之内的技术。

足球运动的控球主要可分为拖球、拨球、扣球、颠球等。

1.拖球

拖球是脚底触球的上部，将球由前向后或由左（右）向右（左）进行拖拉的动作。当拖球到位后，一般均以脚内侧做挡球动作，然后进入下一动作。

2.拨球

拨球是持球队员用脚腕的抖拨动作，以脚背内侧或脚背外侧触球，使球向侧方或侧后（前）方滚动。拨球根据脚触球部位的不同分内拨、外拨两种：运用脚背内侧拨球，称为内拨；运用脚背外侧拨球，称为外拨。与对手相持，在对方伸脚抢截球的一刹那，队员可以拨球技术避开抢截并从对方一侧越过。

3.扣球

扣球是持球队员快速转身变向，用踝关节急转压扣的动作，以脚背内侧或脚背外侧触球，可将球迅速停住或转变球滚动的方向。用脚背内侧扣球的动作称为"内扣"，用脚背外侧扣球的动作称为"外扣"。在用扣球动作改变球滚动的方向后，持球队员可用推拨动作突然加速越过对手。

4.颠球

颠球是持球队员用身体各有效部位连续击球，并尽量不使球落地的技术动作。经常练习颠球，能使练习者快速熟练球的弹性、重量、旋转等，同时加深练习者对触球部位击球力量的感觉。颠球的部位包括脚背、脚内侧、脚外侧等。

足球控球主要采用重复练习法，学生可以采用一人一球、两人一球的练习形式，在规定的时间内，将拖球、拨球、扣球、颠球等控球技术重复练习一定的次数。

（二）足球运动的踢球

踢球，指有目的地把球传给队友或射门，它是完成战术配合的主要手段，同时也是足球基本技术之一。踢球的方法有很多种，包括脚内侧踢球、脚背正面踢球、脚背内侧踢球等，无论采用何种踢球方法，其动作过程都由助跑、支撑、摆腿、击球和跟随动作五个部分组成。

1.脚内侧踢球

动作要点：①直线助跑，最后一步步幅稍大，支撑脚踏在球侧 12～15 厘米处，膝关节微屈，脚尖正对出球方向；②踢球脚屈膝外展，脚底与地面平行，脚尖微上翘；③小腿加速前摆，用脚内侧部位击球的中后部，用推送或敲击的踢法将球击出。

2.脚背正面踢球

动作要点：①直线助跑，最后一步步幅稍大，支撑脚积极着地，踏于球侧 10～12 厘米处，膝关节微屈，脚尖正对出球方向；②踢球腿以髋关节为轴，大腿带动小腿由后向前摆动击球的一刹那，脚面绷紧，脚背绷直；③小腿加速前摆，以脚背正面部位击球的后中部；④击球后，身体及踢球腿随球前移。

3.脚背内侧踢球

动作要点：①斜线助跑，与出球方向约呈 45°，最后一步略大，支撑脚外沿积极着地，踏于球的侧后方 20～25 厘米处，膝关节微屈，脚尖正对出球方向；②身体稍向支撑方一侧倾斜，踢球腿以髋关节为轴，大腿带动小腿向前摆，大腿摆至与支撑腿几乎同一平面时，小腿加速做鞭打动作；③踢球腿击球时，脚尖稍外转指向地面，脚趾紧扣，脚背绷直，脚跟提起；④大腿带动小腿加速前摆，根据传球的目的，如击球的后中部或中下部，传出的球会出现高、中、低不同的效果，击球后继续随球前移。

踢球应注意以下几点：传球不准确，应调整支撑脚的站位；传球力量不够，应加快小腿摆动速度；传球落点不准确，应注意整体动作的协调性和脚形的准确性。

在踢球技术练习中，可两人一组，一人用脚底踩住球，另一人采用一步或三步助跑做各种踢球动作的模仿练习；也可两人一组，相距一定的距离，互相踢球练习。

（三）足球运动的运球

运球技术，是指持球队员在跑动过程中有目的地用脚的某一部位推拨球，使球保持在自己控制范围内的连续触球动作。运球技术包括运球和运球突破，常用的运球方法有脚背正面运球、脚背内侧运球、脚背外侧运球等。

1.脚背正面运球

动作要点：①持球队员身体自然放松，上体稍前倾，步幅稍小，两臂屈肘自然摆动；②在运球脚提起时膝关节微屈，脚跟提起，脚背绷紧，脚尖向下；③在迈步前伸着地前，用脚背正面推拨球前进。

2.脚背内侧运球

动作要点：①持球队员身体自然放松，上体前倾并向运球方向转动，步幅稍小，双臂自然摆动；②在运球时膝关节稍弯曲，脚跟提起；③脚尖稍向外转，在迈步前冲着地前,用脚背内侧推拨球。

3.脚背外侧运球

动作要点:①持球队员身体自然放松,上体稍前倾,双臂自然摆动,步幅较小;②在运球时膝关节弯曲,踢脚提起;③脚尖内扣,用脚背外侧推拨球的后中部。

运球练习应注意以下几点:①运球和运球突破技术一般采用重复练习方法,也可运用无对抗练习、消极对抗练习、积极对抗练习及小组比赛练习等形式,具体根据练习者的水平选择;②持球队员在运球时步幅要小,身体重心应紧跟球移动;③持球队员在运球时要注意随时抬头观察情况。

(四)足球运动的接球

接球,是足球队员有意识、有目的地利用身体的合理部位,把运行中的来球停挡在自身控制范围之内的技术。一般常用的接球方法有脚内侧接球、脚底接球、胸部接球、大腿接球等。不管何种接球方法,都包括判断球速、落点、接球及接球后控球四个过程。

1.脚内侧接球

脚内侧接球包括接地滚球、接反弹球和接空中球三种技术。

(1)接地滚球

动作要点:①支撑脚正对来球,膝关节微屈;②接球脚屈膝外转,脚尖稍翘起主动前迎来球;③球接触脚内侧的一刹那,接球脚后撤缓冲,把球控制在便于衔接下一个动作的位置。

(2)接反弹球

动作要点:①支撑脚踏在球的落点侧前方,屈膝,上体稍前倾;②接球脚放松提起,用脚内侧对准球的反弹角度;③当球反弹刚离地时,用脚内侧部位推压球的中上部。

（3）接空中球

动作要点：①根据来球的高度，接球脚举起前迎，对准来球路线；②在球与脚内侧接触瞬间，后撤缓冲；③把球控制在有利于衔接下一个动作的位置。

2.脚底接球

脚底接球包括接地滚球和接反弹球两种。

（1）接地滚球

动作要点：①支撑脚踏于球的侧后方，屈膝，脚尖正对来球；②接球脚提起，自然屈膝，脚尖上翘高于脚跟，踝关节放松；③用脚掌前部触球的中上部。

（2）接反弹球

动作要点：①支撑脚踏在球落点的侧后方，对准来球反弹角；②在球着地瞬间，用脚掌前部对准球的反弹路线，推压球的中上部。

3.胸部接球

胸部接球是利用胸部接球的一种技术动作，其特点是面积大、有弹性、易于掌握等。胸部接球分挺胸式接球和收胸式接球两种方法。

（1）挺胸式接球

动作要点：①面对来球，双臂自然张开，两脚分开微屈膝，重心落于两脚之间；②在胸部与球接触前的一瞬间，两脚蹬地，胸部稍上挺，收腹，上体后仰缓冲来球力量；③以胸部触球，使球落于自己能控制的范围内。

（2）收胸式接球

动作要点：①面对来球，两脚开立，双臂自然张开，挺胸迎球；②在球与胸部接触前的一瞬间，收胸、收腹，同时臀部后移，使来球得以缓冲；③以胸部接球，使球落于自己能控制的范围内。

4.大腿接球

动作要点：①在大腿与球接触的一刹那，迅速撤退缓冲；②以大腿中部接触下落的球，使球落于有利于衔接下一个动作的位置。

接球练习应注意以下几点：①接球练习的形式繁多，一般采用重复练习的方法；②在练习时要从实战与战术配合角度出发，2～4人为一个练习小组较为合适；③教师应根据学生的基础安排切实可行的练习内容与方法。

（五）足球运动的头顶球

头顶球，是指队员有意识、有目的地用前额正面或侧面将球击向预定目标的动作。在足球比赛中，头顶球是传球、射门和抢截的有效手段之一，常用的头顶球有原地前额正面头顶球、起跳前额正面头顶球等方式。头顶球作为争取时间、争夺空间的有效手段，在足球比赛中被广泛使用。

1.原地前额正面头顶球

动作要点：①身体正对来球方向，两眼注视来球，两脚前后开立，微屈膝，上体后仰展腹，重心落于后脚，双臂自然张开；②当球运行至身体正上方时后脚用力蹬地，收腹，快速向前屈体，重心由后脚移向前脚；③在击球时，颈部肌肉紧张，用前额正面顶球的后中部，上体随球前摆。

2.起跳前额正面头顶球

动作要点：①在原地起跳时双脚用力蹬地，两臂屈肘上摆，在身体上升过程中，上体后仰展腹成反弓形，两臂自然张开，眼睛注视来球；②当球运行至身体额状面时，迅速收腹，上体快速前摆，颈部紧张；③用前额正面把球顶出，随后屈膝缓冲落地。

头顶球练习应注意以下几点：①在练习时应运用自抛自顶的重复练习法，也可以借助墙练习，还可以接同伴抛来或传来的球，要求有目标、有意识地提高头顶球技术的准确性；②在顶球时不能闭眼、缩颈，要主动迎球，颈部保持紧张；③要准确判断起跳时间和来球的速度与落点。

（六）足球运动的抢截球

抢截球，是转守为攻的重要手段，是防守技术的综合体现。抢截球包括抢球和截球两部分。抢球是指在足球规则允许的条件和动作下，把对手控制的或将要控制的球抢夺过来或破坏掉。截球是指将对手相互间传出的球堵截或破坏掉。

1.正面跨步抢截球

动作要点：①两脚前后开立，膝微屈，身体重心下降并落于两脚间；②当对手脚触球后，脚即将落地或刚落地瞬间，抢球者后脚用力蹬地，抢球脚以脚内侧堵截球，当球被堵时另一脚快速跟上；③如双方同时触球，则抢球脚顺势向上提拉，使球从对手脚背滚过，然后迅速调整身体重心控制球。

2.侧面合理冲撞抢球

动作要点：①当防守队员与对手并肩跑动追球时身体重心下降；②用靠近对手方一侧手臂的肩部以下、肘以上的部分贴紧自己身体去冲撞对手相同部位；③使对手失去平衡而失去对球的控制，乘机把球夺下。

抢截球练习应注意以下几点：①最好是在对抗的条件下并结合简易的攻防战术练习进行抢截球练习，这样效果更好；②在练习过程中，结合游戏有助于提高学生的练习兴趣；③选好抢截球的时机；④抢球时动作要干净、利落。

（七）足球运动的掷界外球

掷界外球是指按足球比赛规则的规定，在比赛中用手将越出边线的球掷入场内，恢复比赛的一项技术。掷界外球有原地掷界外球和助跑掷界外球两种方法。

1.原地掷界外球

动作要点：①面向比赛场地，双手持球于头后；②用连贯的动作把球从头后经头顶掷入场内；③球掷出后，双脚均不得离地和踏进场内。

2.助跑掷界外球

动作要点：①在助跑时双手持球于胸前，助跑距离不宜太长；②掷球的动作与原地掷界外球相同。

掷界外球练习应注意以下几点：①可以单人对墙进行掷球练习，也可以采用两人对掷界外球练习或一人掷球另一人接球，两人轮流练习的形式；②掷界外球时脚不能离地。

二、足球运动的战术训练

（一）足球运动的进攻战术训练

1.个人进攻战术

个人进攻战术，是队员在比赛中，为了完成整体进攻任务而采取的个人行动，它包括摆脱、跑位、传球、射门等。

（1）摆脱

每当有队员想要持球进攻时，同队队员要迅速摆脱对手，造成空当，给持球队友创造多条传球路线，以便其更好地进攻。队员若想摆脱对手紧逼，可采用突然起动、冲刺跑、急停、突然变向、变速和假动作等技术。

（2）跑位

跑位就是有目的地跑向有利位置或空当。跑位能使队员在短时间内摆脱对手从而接球并推进进攻。

（3）传球

传球是配合的基础，是完成战术配合创造射门机会的主要手段。选择目标、把握时机、控制力量与方向是传好球的重要环节。

（4）射门

射门是一切战术配合的最终目的，也是决定足球比赛胜负的关键。

2.局部进攻战术

局部进攻战术是指进攻过程中两个及以上队员之间的配合方法。局部进攻战术是集体配合的基础，其配合形式有二过一配合、传切配合、三人配合等。

局部进攻战术通常以二过一配合为基础。二过一配合是在局部区域由两个进攻队员通过两次以上的连续传球配合，越过一个防守队员的行动。二过一配合包括斜传直插二过一、直传斜插二过一、回传反切二过一、踢墙式二过一以及交叉掩护二过一等方法。

3.阵地进攻战术

（1）边路传中

边路传中是指在对方半场两侧区域发动进攻通过传中来创造射门机会的战术。此战术适用于对方边路防守人数较少、空间较大的情况。运用此战术可突破防线、传中，由中路或异侧的队友包抄完成射门。

（2）中路渗透

中路渗透一般有后场发动进攻、中场发动进攻、前场发动进攻三种形式。后场发动进攻的中路渗透一般由守门员或后卫发起，然后球由中路逐渐向前场转移。中场发动进攻是中路渗透的主要战术形式，在这种形式的战术中，前卫队员担负着组织核心的重要角色，采用的方法是短传配合，以各种二过一来摆脱对方的防守。前场发动进攻主要靠前锋对其回撤后形成的空当进行反切插入，或者由后排的前卫、后卫插入，然后在对方罚球区附近做二过一配合，对突破对方中路密集防守有奇效。

（3）中路转移

中路转移指的是在比赛中，由于中路聚集着双方较多的队员，中路渗透不能奏效，因而将球从中路转移到边路以分散防守力量，然后再从边路突破或者传中的一种进攻战术。

（4）快攻

快攻是非常有效的一种进攻战术，主要特点就是快，在由守转攻时对方的防守还不是很到位，通过最简单的快速传递配合来创造射门机会。

快攻的主要战术有：守门员在截住对方射门的球时快速地踢球或手抛球从而发动进攻；队员在中前场抢截到对手的球时快速发动进攻；队员在中后场获得任意球时快速发球从而形成快攻机会。

（二）足球运动的防守战术训练

防守队员的角色安排要根据防守队员的数量来确定，包括封堵与抢截队员、紧逼盯人队员、保护与补位队员等。防守队员防守位置不同，防守角色不同，采用的防守战术也不同。封堵与抢截队员主要对攻方控球队员实施防守。紧逼盯人队员主要对进攻方插上队员和有可能接球的队员实施防守。保护与补位队员是为队友提供支援帮助和对进攻方突破或插上控球队员实施防守。

防守的措施主要有以下几点：

第一，施压。进攻攻方队员往往会通过各种手段摆脱防守队员的盯防，也常常利用控球的优势来调动防守队员，从而制造射门的机会。因此，在防守时，防守一方要不断地采取逼、抢、夹击等手段向进攻方队员施加压力，使进攻方队员的活动受到限制，处于一种紧张忙乱的被动状态。但施压要把握好时机与场区。施压的场区选择：一是在对方罚球区附近和中后场；二是控球队员处于没有传球角度或传球角度较小的边角区域。除对控制球的进攻方队员采取紧逼盯人防守外，还要对附近的进攻方接应队员采取紧逼盯人防守。

第二，回撤。由攻转守时，当有其他队员封堵控球队员时，其他无球防守队员要尽可能快速回撤、分离、隔断进攻方队员间的联系，在回撤过程中注视进攻方进攻的局势变化和方向，不断调整回撤的位置和速度，不断压缩防守队员间的防守空间，加强与队友的联系，在有步骤地回撤过程中形成纵深防守体系。

第三，回位。防守队员应当对自己的防守任务有明确的意识，根据自己的防守任务和防守对象的活动，迅速回到自己的防守位置上来，以形成全队的防守纵深梯队，建立牢固的防守体系。如果不能迅速回位，就有可能造成防守体系的不严密，被进攻方队员击破整个防守线。在选择回位的跑动路线时，要选择有可能对进攻方传射路线起到一定干扰作用的路线，特别要选择能干扰控球队员向自己防守对象传球的路线。

第四，追盯。进攻方无球插上的队员往往是有较大威胁性的队员。因此，当有进攻方队员插上时，防守队员一定要迅速追上去，特别是在中路罚球区域附近。当进攻方队员摆脱后，被摆脱的防守队员要紧紧追赶进攻方插上队员，形成对进攻方插上队员前堵后追的夹击局面，争取将进攻方进攻势头遏制住。

1.基础防守战术

（1）选位和盯人

选位和盯人是防守战术中的基础。防守队员的站位一般应处于由对手站位与本方球门中心所构成的一条直线上。一般情况下，对进攻方持球队员以及可能接球的队员要紧逼，对离球远的进攻方队员可采用松动盯人的方法。

（2）局部防守配合

保护和补位是局部区域集体防守的基础，队员之间应保持适当的斜线站位。当一个队员被突破时，另一个队员应立即补位，被补位队员迅速回到补位队员的位置。

2.全队防守战术

（1）人盯人防守

除拖后中卫外，每个队员都要盯住一个指定对手，原则上对手跑到哪里就盯到哪里，拖后中卫进行区域防守，执行补位的任务。

（2）区域盯人防守

每个防守队员要在自己防守的区域内进行盯人防守，无论哪个对手进入自己的防区都要盯住他，一般不越区盯人，拖后中卫执行补位的任务。

（3）混合防守

混合防守是现代足球运动用得较多的一种防守方法，它是一种把人盯人防守和区域盯人防守结合起来的战术。一般拖后中卫执行补位，另外三个后卫盯人，前卫和前锋区域盯人。

防守方在应用混合防守战术时，应注重以下几点：场上队员要延缓对方进攻；快速回防到位，保持防守层次；紧逼盯人，严密守住球门前的30米区域。

第三节　高校体育乒乓球运动训练

一、乒乓球运动的技术训练

（一）乒乓球运动的发球与接发球

发球和接发球是乒乓球的基本技术。发球技术的提高能促进接发球技术的提高，接发球技术的提高也能促进发球技术的提高。

1.发球

发球是乒乓球运动基本、重要的技术之一。选手在发球时不受对方的制约，可以选择最适合自己的站位，按照自己的意图把球发到对方球台的任何位置上去，以压制对方，为自己的进攻创造有利条件。发球发得好，有时在比赛中还能引起对方的紧张感，甚至导致对手接球失误。

发球应注意以下几点：①抛球要稳定（抛球的高度和抛球后球上升与回落的线路要稳定）；②触球点的高度要适当，发急长球时触球点要低些，发近网短球时触球点要高些；③球在本方台面第一跳的着台点要适当，发长球时第一跳要在球台的端线附近，发短球时第一跳要在中台位置；④手臂或手腕向前、向下发力要适当，使球既不致下网也不致弹跳过高或出界；⑤球拍摩擦球的部位和用力方向要准确，尽量用相似的动作发出不同的旋转球；⑥注意腰、臂、腕的协调配合，以提高发球的质量。

乒乓球的基本发球包括平击发球、正手发奔球和反手发急上旋长球等。

（1）平击发球

平击发球一般不带旋转。平击发球是初学者必学的发球方法，也是掌握其他复杂发球方法的基础。

动作要点：①在发球时持球手将球向上轻轻抛起（不得低于规则允许的高

度），同时持拍手向后引拍，大臂自然靠近身体右侧；②当球从高点下降时，持拍手以肘为轴，前臂向右前方横摆击球；③在向前挥拍时，拍面稍前倾，击球的中上部；④球的第一落点应在球台的中区。

（2）正手发奔球

正手发奔球的特点：球速快，角度大，突然性强，并向对方右侧偏拐。正手发奔球是直拍推攻打法常用的发球技术。

动作要点：①当持球手将球向上抛起后，持拍手随即向右后上方引拍，手腕放松，拍面较垂直；②当球从高点下降时，大臂带动前臂由右后方向左前方挥摆，同时腰也由右向左转动；③在拍面触球的一瞬间，拇指用力压拍，左肩、手腕同时从后向前使劲抖动，球拍沿球的右侧中部向中上部摩擦球；④球的第一落点要靠近端线。

（3）反手发急上旋长球

反手急上旋长球的特点：速度快，弧线低，线路长，前冲力大。反手发急上旋长球是快攻型打法的常用发球技术之一。

动作要点：①在发球时持球手将球向上轻轻抛起，同时持拍手向后引拍，上臂自然地靠近身体右侧；②当球从高点下降时，持拍手以肘为轴，前臂向右前方横摆发力击球；③在触球时拍面稍前倾，摩擦球的中上部，使球快速前进并具有一定的上旋；④球离拍后的第一落点在球台端线附近。

学习发球，应该由浅入深、由易到难。初学者可以先学习平击发球，待发球的准确性有所提高，基本上能够掌握发斜线、直线球之后，再学发急球、短球和左（右）侧上（下）旋的球，然后再学习用同一手法发不同旋转的球，以及其他难度较大的发球。具体的学习安排，教师可根据学生的具体情况有所调整。

练习发球的步骤如下：①徒手做发球前准备姿势，模仿抛球及发球的动作。②先对墙练习发球，当熟练后再在台前练习发球到对方台面。③同一种旋转的球先练习发斜线，后练习发直线；先练习发不定点的，后练习发定点的；先练习发长球，后练习发短球。④练习发各种旋转的球至不同落点。⑤练习用同一种手法发不同旋转和落点的球。⑥结合个人技术特点，练质量高的特长发球。

2.接发球

接发球是乒乓球技术中的关键技术。由于当发球权掌握在对方手中时，对方可以随意将球发至本方台面的任何位置，力量、速度、旋转等也可随机变换，因此掌握接发球技术是很有必要的。不同打法的人掌握的发球技术种类各不相同，这增加了发球的多变性与接发球的困难。从对方发球到本方的时间很短，接发球者必须在极短的时间内判断清楚来球的旋转、落点，并做出相应的步法移动和接球动作等，因此反应快、技术熟练是接发球的基本要求。一般来说，虽然接发球是被动的，但是若技术运用恰当，往往也能化被动为主动。

接发球技术手段很多，包括点、拨、拉、推、搓、削、摆短和攻球等。因此，只有较全面地掌握各种接发球的方法，才能在比赛中化被动为主动。

（1）接发球的要点

第一，根据对方发球时的站位决定自己接发球的站位。如果对方用正手在球台右方发球，则我方站位应偏右一点；如果对方用反手或侧身在球台左方发球，则我方站位应偏左一些。站位偏左或偏右多是根据接对方发来的角度较大的斜线球来考虑的。站位离台的远近，应根据个人习惯、打法来决定，通常为了便于兼顾接长球、短球，站位不宜太远或太近。

第二，观察对方发球前的引拍方向及球拍触球瞬间摩擦球的方向，判断球的旋转性能。如果向上则带上旋，向下则带下旋，向左（右）则带左（右）侧旋，但注意不要被假动作所迷惑。

第三，观察对方发球时挥臂的动作幅度和手腕用力大小，判断球的落点长短和旋转强弱。

第四，根据发球的第一落点弧线判断来球的长短。如果第一落点短、弧线长，则发过来的是长球（急球）；如果第一落点长、弧线短，则发过来的是短球。

第五，根据球在空中的飞行弧线判断旋转。一般来说，先快后慢是下旋，先慢后快为上旋；球在空中的飞行弧线曲度大，为上旋或侧上旋；球在空中的飞行弧线曲度小，为下旋或侧下旋。

第六，看对方发球后落至本方台面后的弹跳情况。向前走得慢的是下旋，向前走得快的是上旋或不转球，向左偏飞的是左侧旋，向右拐弯的是右侧旋。

第七，熟悉不同球拍的颜色及性能。

（2）接发球的方法

第一，接上旋转（奔球），用正反手攻球或推挡回接，拍面适当前倾，击球的中上部，调节好向前的力量。

第二，接下旋长球，用搓球、削球、提拉球回接，搓或削时多向前用力。

第三，接左侧上（下）旋球，可采用攻球或推挡（搓球或拉球）回接，拍面稍前倾（后仰）并略向左偏斜，击球偏右中上（中下）部位，以抵消来球的左侧上（下）旋转。

第四，接右侧上（下）旋球，可采用攻球或推挡（搓球或拉球）回击，拍面稍前倾（后仰）并向右偏斜，击球偏左中上（中下）部位；回接要点和方法与接左侧上（下）旋球相同。

第五，接近网短球，用快搓、快点或台内突击回接，主要靠手腕和前臂的力量。

第六，接转球与不转球，在判断不准的情况下可轻轻地托一板或撇一板，但要注意弧线和落点。

第七，不同性能球拍，如长胶、生胶、防弧胶球拍的发球基本属于不转球，可用相应的方法回接。

第八，接高抛发球，如球着台后拐弯的程度大，应向拐弯方向提前引拍。

上述各种接发球方法，是初学者应当懂得的知识。至于回球落点的控制、回球时力量的运用等问题，还有待练习者在反复练习过程中逐步提高。

（二）乒乓球运动的攻球

攻球是乒乓球比赛中争取主动权和获得胜利的重要技术。它具有快速有力的特点，能体现积极主动、快速进攻的指导思想。若运用得好能使对方陷于被动，取得优势。因此必须学会全面的攻球技术。

1.正手近台快攻

正手近台快攻站位近、动作小、球速快，借球的反弹力还击，能缩短对方准备回击的时间，为我方争取主动权，可以充分发挥近台快攻的作用，从而为扣杀创造机会，或直接得分。

动作要点：左脚稍前，身体离球台 40 厘米左右；在击球前，持拍手臂要向右前伸迎球，前臂自然放松，球拍呈半横状；当球从台面弹起时，前臂和手腕向前上方挥动，并配合内旋转腕的动作，使拍前倾，在球上升期击球的中上部；当触球时，拇指压拍，同时加快手腕内旋的速度，使拍面沿球体做弧形挥动；在击球后，挥拍至头部高度并迅速还原，手臂放松，准备下一次击球。

2.正手扣杀球

正手扣杀球是比赛中重要的得分手段，一般是在取得主动和优势的情况下运用。它具有动作大、力量重、球速快、攻击性强的特点，在还击半高球时能充分发挥击球力量，常用来应对各种机会球，或前冲力不大的半高球。

动作要点：左脚在前，击球前持拍手臂向右后方引拍，并稍高于台面，球拍呈半横状；当球弹起至高点时，上臂带动前臂由后向前挥，将触球时，前臂加速用力向左前挥击，手腕跟着移动，在高点期击球中上部，拍形稍前倾；在拍触球时，整个手臂的力量应发挥到最大限度，同时腰部配合向左转动；触球点一般在胸前 50 厘米左右，击球后重心由右脚移至左脚，扣杀后立即还原，准备连续扣杀。

攻球练习应注意以下几点：①反复徒手挥拍练习，应结合步法一起练。②一开始练习时，可让练习者自抛自攻；然后让练习者两人组队配合练习。在组队练习时，可让一个人作为陪练者连续送单个球，让另一个人作为练习者正手连续攻球，让陪练者用推挡，练习者用正手攻球。③在对攻练习时，两人先练 1/2 台右方斜线对攻，再练直线对攻；先轻打，能控制好落点后，再用中等力量，熟练后可发力对攻；先练近台，然后到中台或中远台。

（三）乒乓球运动的推挡球

推挡球是直拍快攻打法的基本技术之一。它的特点是站位近、动作小、球速快、变化多。在比赛中运用它可牵制、调动对方，争取主动权，在被动时可以积极防御。初学者应首先熟悉球的性能并掌握击球动作，再学习推挡球，然后进一步学习变换推挡球的力量和旋转等技术。

推挡球有平挡、快推、横拍反手快拨、加力推、减力挡等技术。

1.平挡

平挡回球速度慢、力量轻、动作简单，容易掌握，它是初学者应掌握的推挡球技术之一。反复练习平挡可让人熟悉球性，体会击球时的拍形变化，提高控制球的能力。在对攻击时，平挡还能作为防御的一种手段。

动作要点：两脚平行或左脚稍前，身体离球台约 50 厘米；在击球前，前臂与台面平行伸向来球；当拍触球时，前臂和手腕稍向前移动，主要借助来球的反弹力将球挡回。

2.快推

快推回球速度快，有斜线、直线变化。在对攻和相持中，运用快推两大角或突击对方空当可争取时间，使对方应接不暇，从而失误或漏出空当，为自己正手或侧身抢攻创造条件。快推一般适用于对付旋转较弱的拉球、推挡球和中等力量的突击球。

动作要点：在击球前上臂、前臂适当后撤引拍（动作要小），然后手臂迅速迎前，在来球的上升期触球；在触球的一刹那前臂稍外旋配合手腕外展动作，使拍面触球的中上部，手臂主要向前稍微向上辅助用力。

3.横拍反手快拨

横拍反手快拨具有站位近、动作小、落点变化快的特点。它虽有一定的速度，但力量较轻，应与其他攻球技术结合使用。

动作要点：右脚稍前，身体离球台约 40 厘米，持拍手臂自然弯曲，将球拍移至腹前偏左的位置；在击球时前臂和手腕向右前上方挥动，同时配合外旋转腕动作，使拍形前倾，在球上升期击球中上部；在击球后将球拍挥至右肩前。

4.加力推

在比赛中运用加力推可迫使对方离台，陷于被动局面；与减力挡搭配使用，能有效地调动对方，获得主动。它适用于对付速度较慢、旋转较弱的上旋球或力量较轻、着台后弹起比网稍高的来球。

动作要点：击球点适当离身体远一点；击球时间不宜过早或过迟；要有效地把身体各部分的力量集中在击球的一瞬间。

5.减力挡

减力挡的回球弧线低、落点低、力量轻。在回接对方的大力扣杀或加力推挡时，减力挡能减弱回球的力量。

动作要点：在击球前身体重心略升高，稍屈前臂，使球拍保持合适的前倾角度；在触球瞬间，有意识地做手臂和手腕后收的动作；在削弱来球反弹力的同时，借来球的力量将球挡过去，回球速度要快。

二、乒乓球运动的战术训练

（一）乒乓球运动的发球抢攻战术训练

发球抢攻是我国直板快攻打法的"撒手锏"，是力争主动、先发制人的主要战术。各种类型打法的选手普遍采用发球抢攻来抢占每个回合的上风。发球抢攻战术运用的效果主要取决于发球的质量和第三板进攻的能力。它具有速度快、突发性强的特点。

1.正手发转球与不转球抢攻战术

正手发转球与不转球抢攻战术一般以发至对方中路或发右方短球为主,配合左方长球。应用此战术,开始应先发短的下旋球,以使对方不能抢攻或抢拉,然后再发不转球抢攻。不转球一般也先发短的,或发至对方攻势较弱的一面。如果对方接球失误,还可适当发些长的到其正手。若能发到似出台又未出台的落点,则效果更好。

2.侧身用正手发高、低抛左侧上、下旋球后抢攻战术

左手执拍的选手采用此套发球抢攻的战术威胁更大。若用此战术,选手一般多用侧身发高抛至对方右近网,若对方轻拉至我方反手,可用推挡狠压(也可用侧身攻)一板直线,或直接得分,或为下板球的连续进攻制造机会;若对方撇一板正手位球,可用正手攻斜线至对方反手。

3.反手发右侧上、侧下旋球抢攻战术

反手发右侧上、侧下旋球抢攻技术尤其适合擅长反手进攻的选手。若用此战术,选手一般多发至对方中右近网或半出台落点,然后用正、反手抢攻对方反手。一般发至对方正手时,对方常会轻拉直线,我方可用反手抢攻斜线。若发至对方反手位,我方还可伺机侧身抢攻。对横拍削球手,以发至中右半出台为好。因为横握拍用正手接右侧旋球不便发力,控制能力弱。反手发右侧上、下旋球,应强调出手动作要快。对方接发球的一般规律是:你发短球,对方接球也短。发球抢攻者应有这方面的意识。

为增加上述战术的效果,可与发右方小球配合运用。

(二)乒乓球运动的接发球战术训练

接发球战术与发球抢攻战术同样重要。从某种意义上来说,接发球水平的高低可以反映选手对各项基本技术的掌握程度,还可以反映选手的实战能力。事实上,在接发球过程中,如果选手破坏了发球者的抢攻意图或者为其制造了障碍，往往能减弱对方抢攻的质量。此外，选手要力争积极主动，能拉的一定要抢拉，能攻的一定要抢攻。不管用什么技术，选手接发球都要突出一个"快"字，还要突出一个"变"字，多变化接发球方法，多变化接发球的落点、旋转、速度等。

接发球抢攻或抢拉是对付对方发的各种上旋、侧上、下旋球的一种积极主动的接发球方法。当对方发球时，选手注意力要高度集中，判断对方发球的旋转、落点、速度等，如果对方发的是长球或半出台球，应及时移动步法，抢到最佳击球点，大胆采用抢攻或抢冲接发球。

用推（拨）接发球，可将球接到对方弱点位置。当运用这种接发球战术时，选手应击球速度快、弧线低、落点刁。

用搓球接发球，当对方发强烈的下旋短球或侧下旋短球时，选手可以快搓摆短配合快搓两角底线长球，争取抢先拉或攻。

接发球针对性要强。如果对手追身球能力差，在接发球时就往对方追身位快点或抢冲；如果对手攻短球能力差，在接发球时就快搓摆短。

总之，选手要破坏对方的发球抢攻，为自己下一板抢攻创造条件。

（三）乒乓球运动的搓攻战术训练

乒乓球运动搓攻战术是进攻型打法的辅助战术之一，主要是利用搓球旋转的变化和落点的变化为抢攻创造机会。这一战术在比赛中被普遍采用。搓攻战术也是削球型打法争取主动的主要战术之一。搓攻是以快、慢搓球为过渡性手段，经过搓球的旋转、速度、落点变化，控制、组织、制造机会，进行突击扣杀，拉、冲弧圈球。它是初学者经常运用的战术之一。

第一，搓转与不转球，制造机会，伺机突击。利用搓转与不转球的变化配合落点，抓住机会，进行突击、扣杀或拉、冲弧圈球，取得主动权。此外，还可以先搓加转下旋，交替用相似方法搓出不转球，择机进攻。起板时出手要快，落点要刁钻。

第二，快搓加转短球，配合快搓两大角，然后突击。利用快搓加转下旋球至左、右方近网，迫使对手贴近球台，突然又用快搓至左方或右方两大角，再配合落点旋转变化，趁着对方动作稍一缓慢，抓住机会，进行拉、扣、冲袭击。

第三，搓对方反手位大角度，变直线，伺机进攻。先用加转搓球遏住对方反手位大角度，当其准备侧身、注意力集中在反手时，突变直线伺机进攻。这种战术一般用于对付反手进攻能力不强的对手。

参 考 文 献

[1] 崔馨月.四川省退役运动员转型为高校体育教师后的职业发展促进策略研究[D].成都：成都体育学院，2023.

[2] 戴胜东，宫金涛，温玉卓.心理训练在高校滑雪课程教学中的应用与思考[J].冰雪运动，2023，45（4）：54-58.

[3] 冯子豪.体育运动训练基本原则与其对高校体育教学的启示[J].科技资讯，2022（17）：179-181.

[4] 葛金琰，闫振龙，李云镇.基于虚拟现实技术的高校体育教学应用研究[J].文体用品与科技，2022（17）：124-125.

[5] 金巧.关于高校体育运动训练有效性的分析及思考[J].文体用品与科技，2023（3）：147-149.

[6] 赖晓珍.提升高校体育运动训练有效性的对策研究[J].产业与科技论坛，2022，21（5）：275-276.

[7] 李崇敏.高校体育教学开展思政教育的策略[J].陕西教育（高教版），2021（10）：19-20.

[8] 李鑫，舒心.体育运动训练原则对体育教学的启示：评《高校体育教学模式与方法研究》[J].中国教育学刊，2023（5）：146.

[9] 林佳丽.信息技术在高校体育技术教学和训练的实践研究[J].湖北开放职业学院学报，2022，35（17）：163-165.

[10] 林顺英.论普通高校体育教育本科专业教学质量保障[D].福州：福建师范大学，2008.

[11] 刘娣.基于PBL教学法浅谈户外运动训练在高校体育教学中的实施策略：以攀岩为例[J].当代体育科技，2023，13（13）：95-98.

［12］刘奕. 高校体育教学与运动训练异同互补的研究［J］. 文体用品与科技，2021（21）：96-98.

［13］刘苑鑫. 高校乒乓球教学中心理训练的意义与实践研究［J］. 青少年体育，2021，（10）：46-47.

［14］陆锦华. 高校运动训练和体育教学的发展策略研究［J］. 当代体育科技，2020，10（1）：166，168.

［15］路深棋，Choi Kyung Hwan，王颖慧，等. 高校体育专业羽毛球普修课教学中运用心理训练的意义及方法分析［J］. 赤峰学院学报（自然科学版），2023，39（8）：63-66.

［16］马超. 高校体育教学与训练研究［M］. 长春：吉林出版集团股份有限公司，2021.

［17］马驰，于杰. 现代篮排球运动的科学探索［M］. 北京：新华出版社，2014.

［18］马鹏涛. 高校体育教学改革创新与科学化训练研究［M］. 北京：新华出版社，2018.

［19］时品. 新媒体时代运动 APP 融入高校体育课程研究［D］. 贵阳：贵州师范大学，2023.

［20］孙晋海. 我国高校体育学学科发展战略研究［D］. 苏州：苏州大学，2015.

［21］唐奕. 高校运动训练和体育教学的关系及发展策略分析［J］. 大学（教学与教育），2023（8）：46-49.

［22］田鑫光. 传统茶文化背景下高校运动训练课程教学实践［J］. 福建茶叶，2023（10）：87-89.

［23］王佳祺. "阳光体育"视角下高校体育教学与运动训练研究［J］. 淮南职业技术学院学报，2022（4）：112-114.

［24］王文化. 户外运动训练在高校体育教学中的实施措施［J］. 当代体育科技，2022，12（2）：56-58.

［25］肖丽芳. 信息技术促进高校体育运动训练科学化的研究［J］. 当代体育科

技，2021，11（22）：100-102.

[26] 余亮.普通高校体育教师绩效管理指标体系研制[D].长沙：湖南师范大学，2012.

[27] 岳慧灵.中美高校体育教育信息技术应用的比较研究[D].扬州：扬州大学，2010.

[28] 张迪.普通高校体育教育专业《田径运动》课程教学质量评价体系的构建研究[D].济南：山东师范大学，2023.

[29] 张建斌.基于"阳光体育"理念的高校体育教学与运动训练策略研究[J].当代体育科技，2022，12（35）：58-61.

[30] 张利.高校体育教学与训练现状略论[J].山西财经大学学报，2023，45（S2）：154-156.

[31] 朱雯.江苏省运动训练专业学生实践能力培养研究[D].苏州：苏州大学，2012.